MONOGRAPHIE

DE

DOMPIERRE-SUR-MER

(CHARENTE-INFÉRIEURE)

PAR

l'Abbé Henri CHOINARD et Ernest TAUZIN

*Membres de la Commission des Arts et Monuments historiques
de la Charente-Inférieure*

(Travail lu par M. TAUZIN à la Section des Lettres de l'Académie de La Rochelle.)

LA ROCHELLE

1912

IMPRIMERIE ROCHELAISE. O. PIC, IMP.

1896

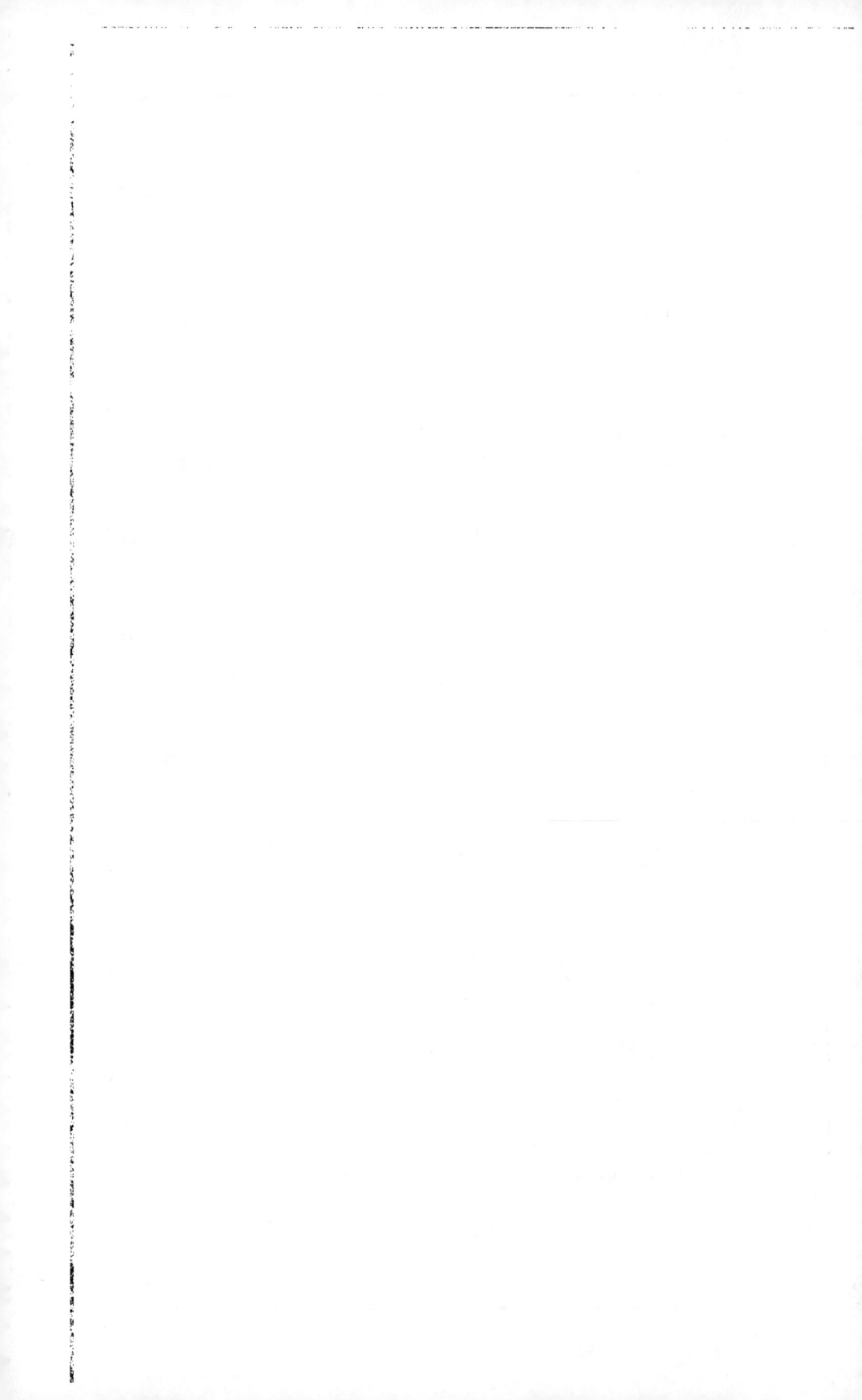

DOMPIERRE-SUR-MER

IMPRIMERIE ROCHELAISE. — O. PIC

ERRATA

Page 8, note 1, ligne 4, *au lieu de* sujet de la verrerie, *lire* sujet de la verrière.

Page 42, ligne 24, *au lieu de* R. P. Moricot, *lire* R. P. Moricet.

Page 84, ligne 23, *au lieu de* treizes, *lire* treize.

Page 110, ligne 29, *au lieu de* péril, *lire* périls.

Église de Dompierre

MONOGRAPHIE

DE

DOMPIERRE-SUR-MER

(CHARENTE-INFÉRIEURE)

PAR

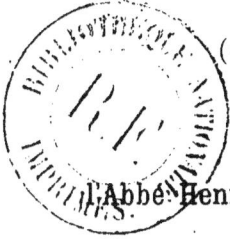

L'Abbé Henri CHOINARD et Ernest TAUZIN

Membres de la Commission des Arts et Monuments historiques
de la Charente-Inférieure

(Travail lu par M. TAUZIN à la Section des Lettres de l'Académie de La Rochelle.)

LA ROCHELLE

IMPRIMERIE ROCHELAISE. O. PIC, IMP.

1896

MONOGRAPHIE DE DOMPIERRE-SUR-MER

———— ✂ ————

CHAPITRE PREMIER

Topographie

Le bourg de Dompierre-sur-Mer est situé à huit kilomètres du port de La Rochelle, à un kilomètre environ du canal maritime de La Rochelle à Marans et le long de la route nationale n° 22 de Paris à La Rochelle. Il est desservi par une gare du chemin de fer de Nantes à Bordeaux bâtie à 33 mètres d'altitude, au-dessus du tunnel, long de 900 mètres, par lequel le canal traverse la ligne des hauteurs qui forment le partage des eaux du pays d'Aunis. Ce bourg s'appelait autrefois simplement Dompierre ou Dompierre-en-Aunis. En 1868, pour le distinguer des autres Dompierre qui se trouvent sur la voie ferrée dans le reste de la France, on lui donna le nom de Dompierre-sur-Mer à l'occasion de l'établissement du chemin de fer sur son territoire et de la gare placée sur le *canal maritime*.

La commune de Dompierre appartient au canton Est de La Rochelle et est entourée par celles de Périgny et de Puilboreau, du même canton, par la commune de Saint-Xandre, du canton Ouest, et par celles de Sainte-Soulle et de Bourgneuf, canton de La Jarrie.

Avant 1833, elle avait comme limites, au sud et à l'ouest, les communes de Cognehors, Lagord et Nieul.

Vu de la route de la Fromagère, le bourg aux blanches maisons a l'aspect d'une petite ville. Sur les demeures, et semblant les protéger, domine le clocher surmonté de sa flèche, chose rare dans cette contrée ! Comment se fait-il que le clocher de l'église de Dompierre, toujours menaçant et toujours debout, ait pu survivre aux ruines des xvie et xviie siècles? Nous essaierons de le dire plus loin.

Tout autour et à peu de distance du bourg, se trouvent échelonnés, comme pour le défendre, les châteaux et anciennes seigneuries ci-après, dont il ne reste aujourd'hui que des débris. D'abord, près du village de Belle-Croix, c'est le château de Dompierre, où résidait le seigneur à qui étaient dus foi et hommage. Ce château relevait lui-même de celui de La Rochelle. A côté, le château Monplaisir ; plus loin, vers le midi, le château Milan. En deçà du canal et plus bas, nous rencontrons le château de Maubec, puis celui de la Motte, reconstruit vers 1806 ; à côté de ce dernier, le château de la Pinaudière, qui n'en est séparé que par son parc ; à l'ouest, la Fromagère ; et enfin Margorie et Candé, au nord.

Les bords du canal sont sans contredit le plus grand attrait de Dompierre. En effet, ce canal offre des agréments de plus d'une sorte, non seulement aux habitants du pays, mais aussi à ceux de La Rochelle et des environs ; car, outre celui d'y prendre du poisson, il présente encore l'avantage de belles promenades ombragées. En arrivant du côté de La Rochelle et en suivant le chemin de halage, on traverse le tunnel et plus loin l'on rencontre les diverses sources dont les eaux, tombant en cascatelles, vont se mêler à celles du canal. A la courbe existant au lieu dit la Mare, proche le village des Grandes-Rivières et où coulent ces sources, le canal a emprunté le lit de l'ancienne rivière de Vaux, dont nous aurons occasion de parler. Le pont de pierre qui livre passage à la route nationale et le pont métallique que traverse le chemin de fer au-dessus de cette même route sont construits sur l'emplacement du gué de Grolleau, à deux pas de l'ancienne seigneurie de ce nom, jadis l'une des terres les plus agréables de toute la province d'Aunis.

Sur la voie ferrée, le parcours depuis la gare de Dompierre jusqu'au delà des bois de Candé est également plein de charmes.

En sortant du bourg au levant et au midi, les terres enlevées par l'excavation du canal et amoncelées de chaque côté en forme de digues qu'on appelle *cavaliers*, bornent l'horizon à un kilomètre environ.

La route qui traverse le bourg lui donnait autrefois de l'importance, car elle était la principale voie de communication entre La Rochelle et Paris. Il s'y était établi un relais de poste, fixé tantôt dans le bourg, tantôt à Grolleau, depuis de très longues années, puisque les registres de 1674 font mention de Louis Avrard, « maistre de la poste de Dompierre (1). »

La commune de Dompierre demeure encore l'une des plus étendues et des plus peuplées de la contrée, malgré son démembrement. Celle de Puilboreau, en effet, a été créée en grande partie à ses dépens, en l'année 1858, et Saint-Xandre, auparavant, lui avait enlevé l'Ardillière, en 1833.

Le chiffre de la population qui, en 1857, s'élevait à 2.571 habitants, s'abaissait, l'année suivante, après la formation de la commune de Puilboreau, à celui de 1.858 habitants. On n'en compte aujourd'hui que 1.447 (2). La superficie de son territoire mesure 1.774 hectares.

Depuis des siècles, la vigne était la grande ressource de Dompierre, mais le phylloxéra a complètement détruit cette culture, il y a quinze ans. Les essais incessants pour la reconstitution du vignoble restent sans résultats appréciables ; le terrible insecte semble indestructible. Aussi les habitants se sont-ils portés exclusivement à la culture des céréales et des légumes dans un terrain dont la nature varie. Sur plusieurs points on trouve un fond appelé *groie* ou terre légère ; en d'autres, une terre rougeâtre, dite *varenne* ; ailleurs, c'est une terre forte et végétative, comme au village de Chagnolet.

(1) Jusque dans ces derniers temps, on comptait un nombre assez considérable de chevaux (15 ou 20) et trois postillons étaient à demeure pour les besoins du service. Quand des personnages de marque étaient signalés, on voyait les postillons en leur costume traditionnel, avec la culotte de peau et les grandes bottes, monter sur leurs chevaux jusqu'au relais suivant. Depuis l'établissement du chemin de fer, ce service a disparu ; le relais n'existe plus.

(2) La moyenne des naissances, dans ces dix dernières années, a été de 24,1 ; celle des décès, pendant la même période, 29,4.

CHAPITRE II

**Origines. — Fondation du prieuré du Petit-Maillezais et
de l'église de Dompierre. — Fondation de l'abbaye de
Saint-Léonard-des-Chaumes (XIᵉ siècle).**

Le nom de Dompierre indiquerait-il que ce lieu fut une bourgade habitée à l'époque gallo-romaine et peut-être même dès l'époque celtique? Il existait autrefois, parait-il, un tumulus au lieu appelé La Motte (Vʳ Lesson).

Ou bien ne faut-il voir dans le bourg de Dompierre *(domus Petri)* qu'une agglomération formée autour de l'église dédiée à l'apôtre saint Pierre? Cette dernière hypothèse est assez vraisemblable.

C'est au xıᵉ siècle seulement qu'il faut placer la fondation du prieuré du Petit-Maillezais à Dompierre. Ce prieuré, établi par les moines de l'abbaye de Maillezais en Bas-Poitou, fondée elle-même en 1010, formait un bénéfice qui passa d'abord aux mains du Chapitre de Maillezais, dont les religieux étaient les premiers chanoines, après la création de l'évêché, en 1317, puis en celles du Chapitre de La Rochelle, lors de la translation de cet évêché, en 1648-1650.

Les moines de Maillezais, ne se bornant pas à prêcher l'Évangile aux habitants de Dompierre, introduisirent peut-être, développèrent sûrement, comme les bénédictins à cette époque, la culture de la vigne dans le pays. Il est probable, en effet, qu'avant le xᵉ siècle tout le nord de l'Aunis était peu cultivé (1).

Ce développement ne fit que s'accroître lorsque, vers 1036, Eudes ou Othon d'Aquitaine (2) fonda, croit-on, l'abbaye de

(1) Voir *Monographie de Saint-Xandre*, par E. Tauzin, recueil de la *Commission des Arts et Monuments historiques*, octobre 1894. — janvier 1895.

(2) Odo seu Otho (*Gallia Christiana*, II, d'après Besly, *Hist. des comtes du Poitou.*)

Saint-Léonard-des-Chaumes. Cet antique monastère, dont il ne subsiste plus que le nom, fut sans doute bâti au milieu de terres incultes, comme semble l'indiquer le surnom « des Chaumes » (1). Il est seulement certain qu'en l'année 1168 il s'affilia à l'ordre de Citeaux, branche de Pontigny. L'abbaye Saint-Léonard n'était pas située sur la paroisse de Dompierre, mais sur le territoire (*intra fines*) de celle de Notre-Dame-de-Cougnes (La Rochelle), qui s'étendait encore jusque-là au moment de la Révolution (2).

S'il est vrai qu'un duc d'Aquitaine avait fondé l'abbaye, il n'est pas moins certain que les seigneurs voisins du château de Dompierre en eurent, plus tard, le patronage. Les abbés de Saint-Léonard étaient, en effet, tenus envers ces seigneurs à l'hommage de deux éperons dorés.

Richard, roi d'Angleterre, accorda à ce monastère des privilèges et des libertés qui furent plus tard confirmés par Othon, duc d'Aquitaine, suivant lettres datées de Benon et de Mauzé. Jean d'Angleterre lui fit ensuite don de vingt-cinq livres à lever chaque année à La Rochelle (3). Parmi les autres bienfaiteurs illustres de Saint-Léonard, on compte Savary de Mauléon et les seigneurs de Surgères, de Marans (4), de Mauzé, de Nuaillé, etc... (*Gallia Christiana*, t. II (5).

---

(1) *Terre-Nouvelle*, écart situé à une faible distance de Saint-Léonard-des-Chaumes, et désigné dans un titre du x⁰ siècle sous le nom de *Terra nova*, indique bien que ces lieux étaient nouvellement exploités.

(2) Il est bon de rectifier ici l'erreur commise à la table onomastique du vol. XXIII des *Archives historiques de la Saintonge*, qui place l'abbaye Saint Léonard dans la commune de Vérines, canton de La Jarrie. L'abbaye y possédait simplement un fief de ce nom.

(3) Au xviii⁰ siècle, il existait à La Rochelle (et il existe encore aujourd'hui) un quartier ou rue remarquable par son nom de Saint-Léonard, mais où les moines des Chaumes ne possédaient aucun droit, quoiqu'ils eussent pu en revendiquer par plusieurs titres. (*Gallia Christ.*, t. II.)

(4) Le marais de Saint-Léonard près de Marans tire évidemment ce nom de l'abbaye et lui fut donné sans aucun doute par les seigneurs de Marans. Les abbés de Saint-Michel-en-l'Herm, de Saint-Léonard-des-Chaumes et le grand Prieur des Templiers d'Aquitaine se concertèrent, en 1270, pour creuser un grand canal devant servir à l'écoulement des eaux de leurs marais situés dans la châtellenie de Marans.

(5) Le *Gallia* fut rédigé dans les premières années du xviii⁰ siècle. L'historique de Saint-Léonard, fait par les bénédictins, résulte sans doute de documents sérieux ou de traditions respectables. Néanmoins, lorsqu'à la demande de l'intendant Amelot, en 1723, les maisons religieuses de la Généralité lui adressèrent la déclaration de leurs biens, le

L'église de Dompierre fut construite au xiᵉ siècle. Cet édifice n'offre actuellement presque aucun intérêt archéologique. Il ne reste des constructions primitives qu'une fenêtre romane sans archivolte du côté du midi, près de l'angle du portail principal (ouest); elle est en très bon état de conservation, mais aujourd'hui bouchée. Le portail du midi présente les caractères du xvᵉ siècle, ainsi que deux fenêtres en ogive à la suite de la fenêtre romane. A l'intérieur du clocher, on aperçoit quelques vestiges d'arcatures de la même époque. Le bâtiment se compose d'une nef principale rectangulaire de 34 mètres de longueur sur 8 mètres de largeur. Le chevet avait été pourvu, au xvᵉ siècle, d'une grande fenêtre à trois baies dont le glacis se dessine à l'extérieur. Après différents remaniements ou réductions, cette grande fenêtre avait été complètement bouchée; mais on vient (mai 1895) d'y percer une nouvelle ouverture à deux baies, du style ogival du xivᵉ siècle, avec vitrail (1). A la nef principale avaient été accolées, au xvᵉ siècle, deux autres nefs; celle du midi subsiste

prieur de Saint-Léonard, en transmettant cette déclaration, faisait connaître qu'il ne pouvait pas précisément dire le temps de la fondation de l'abbaye, parce que les titres avaient été brûlés pendant les guerres religieuses; mais qu'il avait reconnu, par quelques titres retrouvés, qu'elle a été fondée en 1200. (Voir ces documents, *Archives départ.*, II, 86; transcription de M. Maufras, *Archives historiques de la Saintonge et de l'Aunis*, t. XXIII (1894), p. 187 à 194.)

Ainsi, l'auteur du *Gallia* et le prieur de 1723 sont d'accord à avouer qu'ils ignorent l'époque précise de la fondation de l'abbaye Saint-Léonard. Mais le *Gallia* ajoute : « Il est seulement certain qu'en 1168 elle s'affilia à l'ordre de Cîteaux (*hoc unum certum est* an. 1168 *adhæsisse congregationi Cisterc.*) Le prieur, en 1723, n'a-t-il pas voulu dire qu'il avait simplement reconnu que l'abbaye avait été fondée au xiiᵉ siècle? Mais si elle datait réellement de 1036, elle était antérieure de 134 ans à l'abbaye de Notre-Dame-de-la-Grâce de Charron, fondée en 1170 par Richard II d'Angleterre; elle était encore l'aînée d'un siècle de l'abbaye de Notre-Dame-de-la-Grâce-Dieu de Benon, fondée en 1135 par Guillaume IX, duc d'Aquitaine, et par saint Bernard. Puisque, en 1168, elle s'affilia à Cîteaux et que le roi Richard, mort en 1199, lui aurait accordé des privilèges et des libertés, elle existait certainement avant 1200.

A défaut de charte originelle et de tradition certaine, n'est-on pas porté à supposer que l'abbaye Saint-Léonard n'eut pas pour fondateur un personnage de marque, mais peut-être simplement un obscur petit seigneur de Dompierre?

(1) Ce travail, parfaitement exécuté, est dû au dessin de M. Cotton, architecte de La Rochelle, au ciseau de M. Eugène Cluzeau, de Dompierre, et au pinceau de M. Eugène Dagrand, peintre-verrier, de Bordeaux. Le sujet de la verrerie représente le patron de la paroisse, saint Pierre ès liens.

seule ($10^m80 \times 5^m60$), terminée, en avant, vers le milieu de la grande nef, par le clocher, au pied duquel est le portail méridional.

Étrange construction que ce clocher quadrangulaire, extrèmement étroit, flanqué d'un seul, mais énorme contrefort en glacis !

Nous reviendrons, dans le cours de ce récit, sur les diverses reconstructions de l'église.

CHAPITRE III

Baronnie de Châtelaillon démembrée; Grand fief d'Aunis; Châtellenie de Dompierre. — Familles seigneuriales : les d'Allemagne; les Vigier; les de Mareuil et les Chaudrier, leur procès. — Consistance de la terre de Dompierre (XIIIe, XVe siècles). — Transaction entre l'abbé de Saint-Léonard et le seigneur de Dompierre (1489); Déclaration des biens de l'abbaye.

Après la prise et la ruine de Châtelaillon par Guillaume X, duc d'Aquitaine et comte de Poitou, Dompierre, encore membre dépendant de cette baronnie, en fut détaché avec les autres paroisses qui formèrent depuis le Grand-Fief d'Aunis (1).

.Dompierre dépendait, en effet, du Grand-Fief d'Aunis, domaine du comte de Poitou, lorsqu'il en fut distrait, avant 1224. Hugues d'Allemagne en était le seigneur, lorsque Louis VIII, roi de France, vint mettre le siège devant La Rochelle. Le monarque campa à Dompierre, ainsi que le constate une charte datée de ce camp : « *Actum in castra apud Dompetrum, prope Rupellam.* » (2) Il y arriva le 15 juillet 1224; les Rochelais se rendirent le 3 août suivant.

Hugues d'Allemagne vendit son fief de Dompierre au comte de La Marche. Saint Louis l'enleva-t-il à ce dernier, en même temps que le Grand-Fief d'Aunis, après sa victoire de Taillebourg? Cela est probable; mais le terrier du Grand-Fief d'Aunis, de 1246, démontre que la terre de Dompierre n'avait pas été réunie au Grand-Fief et dut être administrée distinctement.

En 1249, Jeanne, dame de Luçon et de La Roche-sur-Yon,

---

(1) Voir *Monographie de Saint-Xandre*, par E. Tauzin (1895).
(2) Confirmation à l'abbaye de Saint-Jean-d'Angély des droits et possessions accordés par ses prédécesseurs. (*Archives municipales de Saint-Jean-d'Angély*, GG, IIII.) — (Voir *Archives historiques*, XXIV, page 31.)

femme de Maurice de Belleville, passa avec Alphonse de Poitiers un traité par lequel elle transporta au comte ce qu'elle possédait au Grand-Fief d'Aunis et en la ville de Dompierre, diocèse de Saintes, et au châtel de Tonnay-Boutonne.

Hugues d'Allemagne n'existait plus en 1258, époque où Geoffroy Vigier, valet, possédait le fief de Dompierre. Mais son fils Hugues, valet, marié à Isabelle, avait encore des droits à Dompierre. Les deux époux firent, en effet, quelques années après, donation à l'abbaye de Maillezais de la moitié du complant dans une vigne sise près de Dompierre et appartenant à ladite abbaye. (Jourdan, *Notes biographiques*, v° *d'Allemagne*.)

La terre de Dompierre devait être alors partagée entre divers membres de la famille d'Allemagne. Une charte de l'abbaye Saint-Léonard-des-Chaumes, de l'année 1226, mentionnait qu'Hélie II, évêque de Saintes, était l'oncle paternel de *Guillaume*, seigneur de Dompierre en Aunis. *(Gallia Christ.)*

Plusieurs d'Allemagne portaient, vers cette époque, ce prénom de Guillaume. (Beauchet-Filleau et Jourdan, v° *d'Allemagne*.)

Joffray ou Geoffroy Vigier, valet, était « seignor de Faye et de Dompierre » vers 1300 (1).

En 1346, « le vendredi emprès la feste de la Magdelene, nobles
» persones Margarite de Montandre et mon sour Poins Vigier,
» chevalier, son fils, dame et seignour de Faïe et de Dompere en
» Aunis », échangent avec « Estepne Bonnin, clerc bourgés de
» La Rochelle, demourant à Lardelère (l'Ardilière), la moitié
» dou siste et la moitié dou neufvain de tout le complant dou fié
» de Lardelère, lequel fié est estant et parséans en leur seignerie
» et juridiccion. » (Bibliothèque de La Rochelle, Mss. n° 285,
fol. 1.)

Geoffroy Vigier, seigneur de Dompierre et de Faye, en 1364, vendit la terre de Dompierre à un prêtre anglais, nommé Jehan de Ladhart (Arcère l'appelle de Ludhan (2), qui en était seigneur en 1369. (Jourdan, *Notes biographiques*, v° *Vigier*.)

---

(1) Aimery de Tallemont, maire de La Rochelle, de 1308, est appelé seigneur de Dompierre. Était-ce Dompierre-en-Aunis ?
(2) Un extrait de la Chambre des comptes, du XV° siècle, le nomme aussi Jehan de Lugdan. (Bibliothèque de La Rochelle, Mss. n° 300.)

C'est, en effet, à la date du 6 février 1369 que Charles V donna Dompierre à Raymond de Mareuil, chevalier. Le roi venait de confisquer cette terre au prêtre anglais et l'avait réunie à ses domaines, au chapitre des « forfaictures et biens d'ennemis et » rebelles à La Rochelle. »

Mais lorsque La Rochelle se fut rendue à Duguesclin, Charles V, voulant peut-être récompenser le maire de la part importante qu'il avait prise à la reddition de la ville et oubliant la première libéralité au profit de Raymond de Mareuil, « donna ladite terre » à héritaige à sieur Jehan Chauderier, en estimacion de CCCC » livres tournoix par an. » Cette seconde donation devint la source d'un procès qui fut longtemps pendant en Parlement. Un arrêt du 30 août 1399 décida enfin que la terre de Dompierre appartenait au sieur de Mareuil. Son fils Geoffroy en reprit possession, en vertu tant de l'arrêt obtenu du Parlement contre les héritiers de messire Jehan Chauderier (Helyes et Loys Chauderier, frères), que d'une nouvelle donation du roi. (Bibliothèque de La Rochelle, Mss. n° 300, f°s 3 à 18. *Copie du* XVe *siècle, d'enregistrements de contrats ou d'arrêts de la Chambre des Comptes*, 1408-1414.)

Daniel Massiou *(Hist. de l'Aunis et de la Saintonge*, t. III), sous la date de 1380, fait du différend relatif à la terre de Dompierre un récit conforme dans l'ensemble, mais avec quelques divergences de détail. « Le sage roi Charles, dit-il, dans les der- » nières années de sa vie, régla un différend dans lequel était » intéressé l'un des plus notables habitants de La Rochelle. Le » roi *Jean* avait donné à son amé et féal chevalier Raymond, » sieur de Mareuil, en Bas-Poitou, pour lui et ses hoirs à perpé- » tuité, toute la terre qu'un certain seigneur de Faye, mort au » service du roi d'Angleterre, avait possédée dans la seigneurie » de Dompierre en Aunis. Plus tard, le traité de Brétigny ayant » fait passer cette terre sous la domination anglaise, elle avait » été acquise par un prêtre anglais, appelé Jehan de Ladhart, » qui remplissait, en Saintonge, l'office de receveur fiscal pour » Edouard, prince d'Aquitaine.

» Duguesclin ayant rendu le pays d'Aunis à la couronne de » France, Raymond de Mareuil voulut reprendre sa terre; mais

» elle lui fut disputée par l'ex-maire de La Rochelle, Jehan
» Chauderier, qui la revendiqua pour cause de certain don
» royal qu'il disait lui avoir été fait. Sur ce, procès s'étant mû
» en Parlement, Charles V estima que Raymond de Mareuil,
» étant premier en date sur ledit don, devait avoir la préfé-
» rence. En conséquence, par lettres données à Saint-Denis, le
» 21 février 1380, il révoqua toutes les donations qui avaient pu
» être faites de la terre de Dompierre et octroya de nouveau
» cette terre à Raymond de Mareuil et à sa femme, avec un hôtel
» assis en la ville de La Rochelle, que ledit prêtre anglais y avait
» acquis, le tout en recompensation des châtel et châtellenie de
» Courtenay, que le roi Jean leur avait anciennement donnés et
» qu'ils avaient perdus par les événements de la guerre. » (1).

.·.

Le 4 novembre 1408, Geoffroy de Mareuil, fils de Raymond,
donnait à maistre Jehan Gadiffer et à Guillaume Prévost procu-
ration « de vendre, céde et transporter au Roy, et à Messires de
» la Chambre des Comptes à Paris pour luy, toute la terre et
» seigneurie et appartenances de Dompierre en Aulnys, avecques
» tout tel droyt de seigneurie..... pour le pris et somme de troys

(1) Après avoir donné deux versions différentes du procès relatif à la
seigneurie de Dompierre, et, sans prétendre infirmer celle de Massiou,
nous ferons quelques observations.
Tout d'abord, si le roi Jean avait donné Dompierre à Raymond de
Mareuil, ce n'avait pu être qu'en l'année 1364, année de sa mort, ou
l'année précédente, époque à laquelle Geoffroy Vigier en était encore possesseur (Arcère, *Hist. de La Rochelle*, t. Ier, page 147). Mais l'Aunis
était alors sous la domination anglaise depuis le traité de Bretigny (1360)
et y resta jusqu'en 1373. A moins que le don du roi Jean ne remontât à
une époque antérieure au traité de Brétigny, il paraît plus admissible
que Geoffroy Vigier, vivant en 1363, ait vendu Dompierre au prêtre
anglais et que Charles V, qui se préparait, en 1369, à reconquérir les pro-
vinces cédées par le traité de 1360, ait disposé en principe de cette terre
au profit de Raymond de Mareuil. Ce dernier, donataire en 1369, ne put
sans doute pas jouir de cette libéralité, tant que La Rochelle fut au pouvoir des Anglais. C'est ce qui expliquerait que Chaudrier, qui livra la
ville à Duguesclin, eût reçu Dompierre en récompense et ait pu en prendre possession et recevoir des hommages pour les terres relevant du
château de Dompierre. De là, le procès entre les Mareuil et les Chaudrier.
Charles V n'aurait pas, d'ailleurs, définitivement réglé ce différend, s'il
fut réellement vidé en 1399, par arrêt de Parlement.

» mille livres tournoix. » Cette vente eut lieu le samedi 17 novembre de la même année.

Le 7 août 1409, la Chambre des Comptes mandait à Thierry Jarnigaut, licencié en lois, commis pour conduire la justice au gouvernement de La Rochelle, à Pierre Lymosin, aussi licencié en lois, procureur, et à Jehan Regnaudeau, clerc, lieutenant d'honorable homme Jehan Mérichon, receveur du roi en Saintonge et audit gouvernement de La Rochelle, d'avoir à « s'infor-
» mer et s'enquérir des charges dont la terre de Dompierre était
» grevée, quels étaient la valeur actuelle de la dite terre et ses
» revenus, en quelles noblesses, dignitez, justices et prérogatives
» elle consistait, et sur toutes ses circonstances et deppen-
» dances. »

Quelque temps après, la Chambre des Comptes recevait en réponse le rapport suivant (1) :

« Nous avons enquis le plus diligemment que nous avons peu
» et nous sommes informez sur le contenu en icelles (les lettres
» de la Chambre des Comptes) avec plusieurs qui ont gouverné
» et receu les esmolumens de lad. terre de Dompierre ou temps
» passé et à présent la gouvernent et à plusieurs autres qu'il
» nous semble devoient sçavoir de l'estat de lad. terre. Et a ceste
» fin visité plusieurs des papiers et comptes des dictz recepveurs,
» et de l'estat, valleur et cherges de lad. terre avons trouvé ce
» qui s'ensuyt :

» Premièrement il est vray que lad. terre de Dompierre est
» située et assise près de lad. ville de La Rochelle et vient jusques
» à demye lieues près de lad. ville et a bien de long une grousse
» lieue et de large demye lieue ou environ, et y a tout droyt de
» chastellennie, justice et juridicion haulte, moyenne et basse,
» seel, contractz, grans assises tenues et relevées chacune sep-
» maine, et est tenue de foy et hommaige lige du Roy nostred.
» seigneur sans moyen à XL livres tournoix monnoye courant
» et une once d'or touttefoys que le cas advient de rachapt. Et
» est icelle terre tenue du bailliage du Grant-Fief d'Aulnys

(1) Bibliothèque de La-Rochelle, Mss. n° 300, fos 3 à 18. — *Copie du XVe siècle.*

» appartenant aud. seigneur. Et est enclavé en lad. terre le
» Petit-Fief le Roy aussy appartenant aud. seigneur. Et a led.
» seigneur en icelle terre plusieurs cens, vinées et mangiers à
» cause dud. Petit-Fief le Roy.

« Item et les autres revenus, noblesses, prerogatives de lad.
» terre sont c'est assavoir de cens nobles en deniers et poulaille
» et mangier, troys pippes de vin de terraiges, complans, gar-
» faiges, famidroyt et honneurs, hommaiges et troys foyres.....
» chascun an ; lesquels cens et mangiers tant en deniers comme
» en poulaille valent environ XL livres tournoix ; lesd. terraiges
» de vingt à XXV boisseaux de blé, et lesd. complans ou temps
» passé se pouvoyent valloir par an, si comme l'on dit... à vingt
» tonneaux de vin communément, mais par les dernières années
» nous avons trouvé n'ont vallu telle année... que troys ton-
» neaux, et l'autre sept tonneaux ; et l'autre c'est assavoir la
» dernière année douze tonneaux ou environ. Lesd. garfaiges
» peuvent valloir de trente à XL sols, les regardes environ XV s.
» Et au regard du faizmydroit l'on dit qu'il souloit valloir
» environ XXX livres, mais de présent à peine en vault XV livres
» tournoix. Et lesd. troys foyres ont acoustumé valloir de dix à
» douze livres par an.

». Item lesd. ventes et honneurs et lesd. hommaiges sont incer-
» tains, desquelx hommaiges nous avons peu trouver que dix
» qui sont en ung grant livre en parchemyn du temps de feu
» messire Jehan Chauderier,... combien que l'on dit qu'il y doyt
» avoir pl[us de] vingt hommaiges, mais nous n'avons p[eu]
» trouver livres ne papiers qui en facent m[encion]. Et sont
» lesd. hommaiges tous abonnés... à bien petits devoirs, si comme
» l'on dit.

» Item y est l'ostel et herbergement de lad. terre, lequel est
» tout froust et gast, mais néantmoingts en pouvait-on encore
» trouver, si comme l'on dit, cent solz tournoix de rente, et y est
» aussy la garenne, combien que d'icelle est peu de chose, car ce
» n'est qu'ung buisson entre les vignes et n'a pas long temps que
» lad. garenne a esté fruict.

» Item lad. terre soulloyt estre aussy comme toute en vignes
» et au temps qu'elle estoit bien cultivée et labourée elle estoit

» de bonne valleur. Et par led. hommaige ou dénombrement
» prescript de lad. terre qui est registré oud. livre et est de la
» dacte du XXVIIe jour d'avril l'an mil CCCCLXXIII (lisez :
» mil CCCLXXIII), le dit feu messire Jehan Chauderier qui
» estoit lors seigneur de lad. terre en déclaroyt la valleur à
» IIIᶜ livres de revenu, mais despuis lad. terre est moult dimi-
» nuée et la plus grant partie des labouraiges qui estoient tous
» en vignes, comme dit est, demourent en désert et tellement
» qu'il n'y a guères plus du tiers de lad. terre en labouraiges et
» encores tousiours se diminuent, car le peup[le est accablé par]
» les cherges qui y sont moult grans, comme... cens, vinées,
» mangiers et autres devoirs.

» Item et lad. terre fut par long temps en plaict et debat entre
» feu messire Raymond de Marueil et les Chauderiers..... Et
» despuis qu'elle est écheut es mains dud. de Marueil, elle a tou-
» siours esté en la main du roy et est encores pour les debtes et
» executions et gouvernée soulz lad. main par commissaires qui
» ne sont outrement que d'en recevoir les esmolumens et en
» lever tout ce qu'ilz ont peu, qui a esté cause de la perdicion de
» plusieurs cens et devoirs appartenant à lad. terre...

» Item et quant est la valleur de lad. terre, nous avons trouvé,
» il nous semble, scelon noz adviz, qu'elle peult bien encores de
» présent valloir (1)   de revenu. Et si avons trouvé..... que
» si lad. terre estoit bien gouvernée et que l'on feist mectre et
» bailler les héritaiges et déserts d'icelle à la cense, qu'elle pour-
» royt estre de meilleur et de plus grant valleur qu'elle n'est à
» présent, car le peuple de lad. terre et d'environ désire moult
» qu'elle ne soit au roy et que lesd. héritaiges et déserts fussent
» mys et baillez à lad. cense pour y planter et labourer, ainsy
» qu'il nous a esté et rapporté et que l'on dit communément. »

A la suite de cette description de la seigneurie de Dompierre
et du détail de ses revenus, venait le tableau des charges qui la
grevaient.

(1) Ce chiffre est malheureusement effacé au manuscrit ; mais on a vu
plus haut que la terre de Dompierre, estimée par Chauderier à trois cents
livres de revenu, avait considérablement perdu de sa valeur. Les chiffres
dont le détail précède accusent d'ailleurs un total de cent à cent cinquante livres.

« Charges ancyens deuz sur lad. terre de Dompierre, avant
» qu'elle veinst en la main dud. feu messire Raymon de Marueil :

» A l'abbé de Sainct-Léonard des Chaulmes VII^{xx} une solme
» de vendenge de rente ;

» A l'evesque de Maillesoys XXX solmes de vendenge de
» rente ;

» Au recteur dud. lieu de l'église de Dompierre XVIII solmes
» de vendenge de rente ;

» Solme de vendenge vault par commune année ne trop grant
» ne trop petit . . . . VII sols VI deniers.

» Item est deu de Maillesoys XV sols de rente.

Charges..... pour gaiges d'officiers :

» Au senneschal de lad. terre de Dompierre.   X livres tournoix

» ... Au baillif et juge . . . .   X livres tournoix

» Au recepveur . . . .   C sols

» Au procureur . . . .   C sols

» Charges qui ne sont point enciennes dont lad. terre a esté
» chargée despuis qu'elle est venue en la main dud. messire
» Raymon de Marueil :

» C'est assavoir aud. de Maillesoys que led. messire Raymond
» luy vendit à perpétuité sur sad. terre de Dompierre et sur tous
» ses autres biens qu'il y obligea par un contract... XXX livres
» tournoix de rente.

» Item plus aud. de Maillesoys par un autre contract de vente
» faicte par led. de Marueil sur tous ses biens qu'il y obligea et
» especialement lad. terre de Dompierre, cent livres de rente
» que l'on dit qui sont admortiz, desquelles rentes est deu plu-
» sieurs années, mais nous ne pouvons sçavoir...

» Item et est... que led. de Marueil a admorty plusieurs cens
» et devoirs appartenans à lad. terre, si comme l'on dit, puis peu
» de temps encza dont nous ne pouvons sçavoir la vérité ; toute-
» fuoys nous avons trouvé qu'il a diminué à IIII sols IIII livres
» de rente ou cens que devoit ung appellé Pierre Joubert et
» affranchi deux ou troys quartiers de vignes qui estoient à
» complant, et dit-on qu'il en y a plusieurs autres.

» Item et est aussy assavoir que les Chauderier ont la sixte
» partie sur toute lad. terre de Dompierre, tant sur les cens

» complans que autres revenuz, qui fut japiecza acqueste par
» feu messire Jehan Chauderier de certaines gens qui l'avoient
» sur lad. terre sans en payer, si comme l'on dit, ventes ne
» honneurs, et est en doubte si le Roy le pourroyt avoir par
» puissance de fief. »

Telle était la consistance de la seigneurie de Dompierre en 1408.
L'état de cette terre n'était pas brillant et le peuple, surchargé
d'impôts, laissait les deux tiers des vignes en friche. Mais telles
étaient aussi les charges anciennes ou récentes qui diminuaient
les revenus seigneuriaux. Ces charges étaient si grandes que le
roi devait bientôt rendre sa terre à Geoffroy de Mareuil, envers
qui il était débiteur d'un reste de sept cent quarante livres
tournois, « tant pour cause des transports et vendicions que feu
» Raymon de Marueil, chevalier, son père, nous feist, disait le
» roi, du viaige que luy et sa femme avoyent en leurs vies en la
» terre de Courtenay... comme pour la terre de Dompierre en
» Aulnys. Pourquoi, ajoutait le monarque dans ses lettres à la
» Chambre des Comptes, nous, actendu les bons et agréables
» services que sond. feu père et led. expousant nous ont faictz
» ou temps passé et espérons que encores nous face led. expou-
» sant où temps advenir (1), actendu aussy les grant cherges
» enciennes qui sont sur lad. terre de Dompierre, à iceluy
» expousant avons quicté et par ces présentes quictons le dict
» marché et transport faictz à nous de la dicte terre de Dom-
» pierre et voulons qu'il soit nul et de nul effet pour nous et que
» led. suppliant puisse faire doresnavant de lad. terre à son
» plesir et volunté... Donné à Paris, le XIIIᵉ jour de septembre
» l'an de grace mil CCCC et XIIII... »

Geoffroy de Mareuil était ainsi redevenu seigneur de Dompierre, en 1414. La châtellenie avait, dès cette époque, considérablement diminué d'étendue par la distraction de plusieurs
portions au profit d'autres seigneurs, qui les tenaient à foi et
hommage du château de Dompierre. C'est ainsi que Jehan Chaudrier, pendant qu'il possédait la seigneurie, avait reçu, le
2 mai 1373, l'hommage de la fille Guyon de Lomaria, baillé par

---

(1) Geoffroy de Mareuil était chambellan du roi.

Johan de Lomaria, bourgeois de La Rochelle, son tuteur, pour
« la moitié d'un tiers du fieu vulgairement appellé *le fieu aux*
» *Trois-Seigneurs*, soient complans, terraiges, cens,... loiz et
» coustumes de foires, faymidroit », et pour « partie de la moitié
» de la Fromagère, au devoir de cent sous aux mutations et à foi
» et hommage plain à muance d'homme. » (Bibliothèque de La
Rochelle, Mss. n° 285).

Le 31 août 1375, Guillaume de Saint-Simon le jeune avait
aussi rendu hommage à Chaudrier, pour le fief de Griffer, tenu
à foi et hommage lige, au devoir de six livres à muance de
seigneur. (*Ibid.*)

Aimeri Rechin et Marguerite Brune, sa femme, dame de la
Rivière de Dompierre, rendirent hommage au même le 1er septembre 1378, pour : « 1° Le fié de Fontorn, à hommage lige, au
» devoir d'un espervier for ou à vingt et cinq souls en cas que ge
» n'auroie le dit espervier ; 2° Le fié appellé Pocherea (autrement
» Tueloup), à hommage, au devoir d'un art et un bouffon ;
» 3° Le fié de Puybertea, à hommage lige, au devoir de soixante
» soulx et uns esprons (éperons) dorez ; et plusieurs enclaveures
» appartenant audit fié : Cloupinson, Sauzea, le Treuil Macaing ;
» et en oultre esdiz fiez la jurisdicion basse. » (*Ibid.*)

D'autres seigneuries ou fiefs relevaient de même du château
de Dompierre ou en relevèrent dans la suite, tels que les seigneuries de Grolleau, de la Motte-Cajat et la Bugaudière, de la
Pinaudière ou Péraudière, de la Tourtilière, de la Rivière (en
partie), l'abbaye royale de Saint-Léonard-des-Chaumes, et les
fiefs de Candé, du Cloud ou Puilboreau, de la Gabardelière, de
Lardilière, des Doulhes, de Saint-Hilaire, le bailliage de Cheusses
(en partie), etc...

La famille de Mareuil resta en possession de la châtellenie de
Dompierre pendant presque tout le xve siècle. Un registre des
insinuations de 1429 fait mention de « Messire Geoffroy de
Marœil, seigneur de Dompierre. » (Jourdan, *Notes biographiques.*)

Le 6 août 1462, Jacquette Rousselle, fille de noble homme Jean
Rousseau, fit hommage à « puissant seigneur Monseigneur de
Mareuilh, de Villeboys et de Dompierre en Aulnis, » pour une

maison à Dompierre, pour le fief Sauzeau et pour les « dismes
» d'aigneaux, laynes et porceaux naissans et croissans chascun
» an au village de Chaignollet. »

Guy de Mareuil (qu'Arcère a appelé à tort « Merveilly » et
« Martial »), rendit hommage au roi le 17 juillet 1469 et le
15 août de la même année.

Jehan de Mareuil, baron de Montmoreau, était encore seigneur
de Dompierre en 1489. A cette époque, en effet, les religieux,
abbé et couvent de Saint-Léonard-des-Chaumes soutenaient
contre lui un procès par devant le gouverneur de La Rochelle,
relativement à une rente annuelle et perpétuelle de cinquante
livres tournois qu'ils prétendaient avoir droit de prendre sur la
terre de Dompierre et dont les arrérages se montaient alors à la
somme de onze cents livres et plus. Jehan de Mareuil disait, pour
sa défense, « que à cause de la dite terre et seigneurie de Dompierre, il estoit seigneur du fief et de ses appartenances appelé
le fief Griflier, lequel fief les dits religieux détenoient aultre-
fois. » Sur ce différend porté aux requêtes, à Paris, intervint,
le 27 juillet 1489, une transaction amenée entre les parties « pour
» l'advis et délibération de leur conseil et aussi de plusieurs
» notables gens et amys. » (Voir Document I.)

CHAPITRE IV

Les Geoffroy, seigneurs de Dompierre. — Difficultés entre Marie Furgon, veuve de Georges Geoffroy, et l'évêque de Maillezais (1511). — État du prieuré du Petit-Maillezais; Reconstruction et agrandissement de l'église (1492). — Foires de Dompierre (vers 1500).

Jehan de Mareuil dut vendre sa terre de Dompierre durant son procès avec les religieux de Saint-Léonard. Cette aliénation avait déjà eu lieu, au moment de la transaction précitée. Dès le 4 juillet 1489, en effet, Jacques de Belleville, écuyer, sieur du Petit-Fief le Roy et d'Andilly, constituait une rente de cent sols en faveur de Georges Geoffroy, écuyer, sieur de Dompierre en Aunis. Georges Geoffroy fit d'ailleurs hommage au roi, le 16 septembre suivant.

Écuyer, pannetier et valet de chambre ordinaire du roi Charles VI, seigneur de Gisors, de Péray, de Dompierre et de Fouras, aumônier de l'hôpital de Saint-Barthélemy de La Rochelle, maire de cette ville en 1495, Georges Geoffroy mourut le 5 septembre de cette année. Il était marié avec Marie Furgon. Sa veuve reçut, le 11 octobre 1498, une quittance de Jean Langlois, seigneur d'Angliers, aumônier de Saint-Barthélemy, pour une somme de cinq cents livres tournois léguée par le défunt à l'hôpital. (Bibliothèque de La Rochelle, Mss. 286.)

L'année suivante, Louis de Dailhon, qualifié seigneur de Dompierre, abandonnait à Jean Mérichon la terre de la Tourtelière (Tourtilière), en échange de 35 écus d'or de rente dus par Jean Poussart, chevalier, seigneur de Peyré. Louis de Dailhon n'était certainement pas seigneur de Dompierre pour la totalité, mais simplement seigneur de la Tourtilière, terre considérée comme une portion de celle de Dompierre, car on trouve, en 1632, une déclaration rendue par Denys Archambault au seigneur *de la Tourtilière ou Dompierre.*

Marie Furgon était restée, en effet, dame de Dompierre, à la mort de son époux. Elle l'était encore en 1529. Durant ce laps de temps, elle reçut plusieurs hommages pour des seigneuries et fiefs tenus du château de Dompierre.

Elle se remaria, — probablement en 1503, date où les nouveaux époux rendirent hommage au roi, — avec Jacques de Cursay, maître d'hôtel ordinaire de la reine, dont elle était veuve « le pénultiesme jour d'aoust l'an mil cinq cens et huit. » A cette dernière époque, elle fit, en effet, l'hommage et le dénombrement de sa terre de Dompierre et le présenta à la Chambre des Comptes.

Peu après la mort de son second époux, Marie Furgon eut des difficultés et un procès avec l'évêque de Maillezais, au sujet de la façon dont les religieux faisaient depuis quelque temps le service divin dans l'église de Dompierre. Le sénéchal de la seigneurie condamna l'évêque et les religieux pour défaut de résidence et de service par des réguliers de leur ordre. La dame de Dompierre fit, en conséquence, saisir leur bénéfice situé dans le ressort de sa juridiction. L'affaire fut portée en appel par l'évêché de Maillezais, qui obtint une enquête sur les lieux et le témoignage d'un certain nombre d'habitants paraissant confirmer les moyens de défense des religieux et de leur demande en appel. On peut voir ces moyens (Document II) et les dépositions à l'enquête (Document III) ; ils contiennent des renseignements historiques sur la résidence des religieux de Maillezais à Dompierre et sur la reconstruction de l'église au XVe siècle.

Des témoignages apportés, en 1511, par les habitants eux-mêmes, il ressort, en effet, que l'église de Dompierre avait été agrandie. Les religieux avaient aussi cédé, suivant baillette du 26 octobre 1492, à la Fabrique de Dompierre, un emplacement de dix pas carrés pris dans le jardin du prieuré, pour allonger cette église, moyennant 2 sols 6 deniers de cens par an. (*Inventaire des archives du Chapitre de La Rochelle.*)

Le chevet doit donc dater de cette époque et le bas-côté qui subsiste seul aujourd'hui, avait un pendant sur l'emplacement des bâtiments du presbytère. C'est dans ce bas-côté disparu que les paroissiens avaient établi la chapelle Notre-Dame, dans laquelle était érigée la confrérie du même nom.

Le procès de 1511 n'était pas le premier qui se fût élevé entre le seigneur de Dompierre et l'évêque de Maillezais. Le prieuré de Dompierre avait déjà été vendu, en 1307, et retiré au nom du roi par puissance de fief. Le 29 mars 1408, l'évêque et le Chapitre de Maillezais avaient obtenu des « lettres royaux » pour être reçus opposants à un décret de la seigneurie de Dompierre tant au sujet du payement d'arrérages des rentes de 30 livres, 100 livres, 30 sommes de vendange et 15 sols tournois dus au prieuré par le seigneur, que pour la conservation de leur droit. Dans l'intervalle (1330), un accord était survenu entre les parties, touchant le droit de juridiction. Vers le même temps, un concordat avait eu lieu pour les trente sommes de vendange. *(Inventaire des archives du Chapitre de La Rochelle.)*

Les difficultés pendantes en 1511 n'étaient donc pas nouvelles et il est à croire que l'évêque de Maillezais obtint de nouveau gain de cause, puisqu'en 1538, ce même temporel du prieuré de Dompierre fut saisi pour payement du don gratuit et autres impositions. L'évêque fit appel comme d'abus pour ce dernier objet. *(Ibid.)*

Peu de temps après le décès de son premier époux, Marie Furgon, regardant comme un bien public tant pour les habitants de sa châtellenie que pour ceux des paroisses circonvoisines l'établissement de nouvelles foires à Dompierre, supplia le roi Charles VIII « de luy donner et octroyer aultres troys foyres et » ung marché en chascun jour de *lundy* de chascune sepmaine » de l'an. » Le roi lui accorda d'abord verbalement ce qu'elle demandait, en considération des services rendus au feu roi, son père, par Georges Geoffroy. Puis, au mois de novembre 1496, suivant lettres patentes données à Lyon, pour plusieurs autres raisons spécifiées, il était dit que « oultre les troys foyres ancien- » nement accoustumées, le Roy a créé et estably, faict, créé et » establist aud. lieu de Dompierre aultres troys foyres et ung » marché chascun *jeudi* de chascune sepmaine de l'an, c'est à » sçavoir la première foyre le jour de Saint Mandé au moys de » novembre, la seconde le lendemain des Innocents, XXVIIIᵉ jour » de décembre, et la troisiesme le jour de Saint Philibert, XXᵉ jour » du mois d'aoust. (Bibliothèque de La Rochelle, Mss. nᵒ 300.)

La dame de Dompierre tint, en conséquence, les foires et marchés aux jours ainsi fixés. Elle créa des halles qui existaient encore au xviiie siècle (1735).

Ayant trouvé, dans la suite, que le jeudi ne convenait pas à ses sujets et tenanciers pour le marché hebdomadaire, elle commença, au mois de juillet 1518, à le faire tenir le lundi.

Le baron de Nuaillé ayant lui-même obtenu, par lettres patentes données au mois d'octobre 1565, la création de plusieurs foires et d'un marché chaque lundi, protesta contre la tenue du marché de Dompierre au même jour et demanda en justice l'exécution des lettres patentes par Charles Geoffroy, fils de Claude et petit-fils de Marie Furgon, seigneur de Dompierre à cette date. *(Ibid.)*

CHAPITRE V

Guerre de religion ; L'église de Dompierre et l'abbaye de Saint-Léonard-des-Chaumes ruinées (1568). — Les troupes royales au siège de La Rochelle (1627). — Église protestante de Dompierre.

C'était sans doute moins la vétusté que les dégâts causés par la guerre de Cent Ans qui avait nécessité la reconstruction de l'église en 1492. De nouvelles ruines, et bien plus graves, attendaient le monument récemment réparé.

Nous touchons, en effet, à l'époque des guerres religieuses. Bientôt les novateurs croissent en nombre et en audace à La Rochelle. Un nommé François Miglet, demeurant à Dompierre, fut témoin oculaire de leur première assemblée publique ; il vit aussi précipiter du haut de la tour du Garrot dans la mer treize prêtres ou gens d'église. (Abbé Briand, *Histoire de l'Église sant. et aunis.*)

Les calvinistes chassèrent les prêtres de Dompierre comme ceux des environs. Le prieuré fut à leur merci. Ils purent, enfermés dans l'enclos, poursuivre à leur aise leur œuvre de haine et de ruine. Le mur du côté nord tomba tout entier et l'effondrement de la charpente entraîna dans sa chute les assises supérieures des murs restés debout. On voit encore, au-dessus du portail méridional, des vestiges qui démontrent que l'ancien édifice était plus élevé. Le clocher fut préservé peut-être parce qu'étant situé au bord de la route, sa chute eût intercepté la circulation et ébranlé les maisons voisines ; mais ce ne fut pas sans avoir été fortement endommagé (1).

(1) Il paraît intéressant de signaler ici les différentes phases de son existence. Bâti dans le xv⁰ siècle, il est ébranlé pendant les guerres de religion. Réparé ensuite à diverses reprises, mais d'une manière insuffisante, il menace ruine, « de sorte même, dit en son rapport Monseigneur

Pendant la période des guerres du protestantisme, l'église de
Dompierre demeura longtemps en ruines : elle ne put être
définitivement relevée qu'après la prise de La Rochelle.

L'abbaye de Saint-Léonard-des-Chaumes fut aussi presque
complètement détruite. Le monastère fut rasé par la fureur des
calvinistes, excepté deux chambres servant de réfectoire, qui
furent plus tard converties en chapelle. Une colonne de l'ancienne église subsista aussi dans le jardin, comme un monument
toujours offert à la vue des Rochelais et leur rappelant la haine

---

» l'Evêque de La Rochelle en visite dans la paroisse, le 27 mai 1700,
» qu'on a été obligé d'en sortir la cloche, crainte qu'il ne vînt à tomber,
» ce qui causerait beaucoup de dommages à l'église, à quoi voulant
» remédier, nous avons ordonné de faire réparer le dit clocher et d'y
» faire faire ce qui conviendra. »

Six ans plus tard, l'évêque ordonne de nouveau de faire réparer le
clocher qui menace ruine. Il n'y a qu'une cloche fêlée qu'on devra faire
refondre incessamment. On avait donc, dans l'intervalle des deux visites,
travaillé à le réparer, puisqu'on avait jugé sans danger d'y replacer la
cloche ou de la maintenir.

Près d'un siècle après, le 17 brumaire an IX, le maire de Dompierre,
M. Leconte, écrit au sous-préfet de La Rochelle pour lui annoncer la
chute de la toiture d'une servitude du presbytère. « Il en sera peut-être
» de même du clocher, auquel on n'a encore rien fait. Ce danger est
» d'autant plus effrayant qu'il menace les passants, les habitants des
» maisons voisines et la grande route. »

Le 2 pluviôse suivant, le maire faisait part au sous-préfet d'une nouvelle ruine arrivée à la toiture de l'église qui venait de s'écrouler : « La
» réparation, ajoutait-il, ne serait pas un objet considérable, si on
» voulait s'en occuper tout de suite ; mais comment s'en flatter après
» l'inutilité de nos efforts pour la conservation du clocher, dont la ruine
» augmente tous les jours et que ce nouvel accident va accélérer, parce
» qu'il touche à la partie du toit tombée. »

Les réparations nécessaires furent sans doute effectuées et on ne parle
plus, le 9 novembre 1851, que d'une réparation totale de la flèche. « La
» charpente est tellement dégradée que les mesures de la police locale
» exigent sous le rapport de la sécurité publique la réédification ou sa
» destruction. »

Le 9 mai 1852, l'architecte, après nouvel examen, rassure les habitants,
en affirmant que le clocher peut être conservé pendant quelques années
encore.

Le 13 mai 1860 enfin, nouvelle alarme : le clocher menace ruine et
expose les passants et les maisons voisines aux plus graves dangers, aux
plus irréparables malheurs. A la reconstruction de la flèche, on ajouta
alors la pose de jalousies ou abat-son aux ouvertures.

Le coq qui surmonte la flèche n'a plus de tête. Un chasseur de l'endroit
voulant montrer son adresse l'atteignit en déchargeant son fusil. La tête
endommagée par les grains de plomb tomba quelques années après sous
les efforts de la pluie et de la tempête.

insensée des démolisseurs. Les moines perdirent la plus grande partie de leurs biens. *(Gallia Christiana.)*

Le territoire de Dompierre ne parait pas avoir été le théâtre d'événements militaires importants pendant les guerres de religion. Cependant une partie des troupes qui investirent une première fois La Rochelle, en 1572-1573, campa à Puilboreau, sous les ordres de Strozzi, colonel général de l'infanterie française. C'est aussi à Puilboreau que furent traités les malades et blessés durant le siège. « Et y avoit grande quantité de médecins et » chirurgiens envoyés exprès de Paris. » *(Histoire du Siège de La Rochelle de 1573*, édition de Maillé, 1621.)

Lorsque Louis XIII et Richelieu eurent décidé la réduction de La Rochelle, le bourg de Dompierre servit de passage aux troupes qui allaient assiéger la ville.

« Le vendredi, 13 août 1627, le duc d'Angoulême s'achemina » en ce gouvernement et vint loger à Dompierre avec toute son » armée, tant à pied qu'à cheval, avec 22 pièces de canon, tant » petites que moyennes, et les plaça en le cimetière de Dompierre, » d'où il vint le lendemain, samedi 14, au lieu d'Aistré, pour » connaitre la situation du lieu et voir la ville, où il demeura et » se logea en la maison des Rouaux, où il manda toute son » armée et le lendemain fit venir son canon. » (Bibliothèque de La Rochelle, Mss.)

Le *Mercure Français*, XIV, 145 (d'après *Documents inédits sur l'Histoire de France)*, dit aussi que « le roi arriva à Estré, » lieu où il campa sa personne pour le siège de La Rochelle. » Monsieur, son frère, lui ayant quitté son logis, se logea à » Dampierre (Dompierre), le cardinal de Richelieu au Pont-de- » la-Pierre (1), et les sieurs garde des sceaux et le Conseil à » La Jarne. »

A Chagnolet s'établit le quartier de Vaillac.

..

Le protestantisme ne dominait pas seulement dans La Rochelle,

(1) On sait que les nécessités du siège firent se transporter Richelieu au château de la Sausaye, paroisse de Saint-Xandre, et le roi à Laleu.

il s'était aussi répandu dans les campagnes. Une église réformée avait été créée à Dompierre, postérieurement à l'édit de Nantes : aussi lorsqu'on contraignit les réformés de l'Aunis à rapporter leurs titres de fondation, en 1663, l'église protestante de Dompierre se trouva-t-elle au nombre des onze qui furent supprimées.

Mais jusqu'à la révocation de l'édit de Nantes, les calvinistes continuèrent l'exercice de leur culte, puisqu'en 1680, Brevet, pasteur de Dompierre et Bourgneuf, fut inquiété avec plusieurs autres, pour avoir été accusé d'infraction aux ordonnances sur les protestants. (Voir Arcère, *Histoire de La Rochelle*, t. II, page 350, note B.)

Le centre de l'Eglise réformée de Dompierre et Bourgneuf et la résidence du pasteur étaient à Belle-Croix, ainsi qu'en témoignent plusieurs registres protestants (années 1669-1673) conservés aux archives du Consistoire de La Rochelle. De l'examen de ces registres il résulte que le ministère du pasteur de Belle-Croix s'étendait à tout le pays environnant ; mais il est bon d'ajouter qu'en dehors de Bourgneuf, Fontpatour et Montroy, le nombre des réformés était insignifiant. Tandis que la moyenne du nombre des actes pour les trois années 1669, 1671 et 1673 donne pour Bourgneuf : 9, pour Fontpatour : 5, pour Dompierre : 3, pour Montroy : 3, les paroisses de Périgny, Saint-Rogatien, Vérines, Saint-Xandre, Esnandes, Marsilly, n'accusent pas chaque année une formalité.

Un document de l'année 1663, rapporté par l'abbé Briand, constate l'existence à cette époque de 100 protestants à Dompierre et de 600 à Bourgneuf.

On a remarqué que la noblesse et la bourgeoisie, les professions libérales, les commerçants et les artisans donnèrent le plus d'adhérents à la Réforme. C'est ce qui ressort de l'étude des actes des années précitées ; les laboureurs ne figurent que pour un quart : moyenne 7 contre 21.

CHAPITRE VI

La paroisse au XVIIe siècle ; L'église rebâtie ; Extraits des registres de la Fabrique. Les écoles à Dompierre (dès 1497), aux Brandes, à Puilboreau, à Chagnolet.

En 1629, les habitants du village de l'Ardillière se plaignirent à l'autorité ecclésiastique, demandant à être détachés de la paroisse de Dompierre, pour appartenir désormais à celle de Saint-Xandre. Le vicaire général Jousseaume se transporta sur les lieux pour une enquête, le 22 décembre. Messire René Mareau, curé de Dompierre, sommé de comparaître, fit défaut ainsi que les « fabriqueurs » de la paroisse. L'enquête eut cependant lieu et l'on entendit plusieurs témoins déclarer avoir vu de tout temps les habitants du village recourir au ministère du curé de Saint-Xandre. La distance qui les séparait de Dompierre était tellement grande que les malades avaient le temps de mourir avant d'avoir reçu les secours spirituels. Les registres paroissiaux le témoignent, d'ailleurs : les baptêmes se faisaient souvent à Saint-Xandre.

Le vicaire général, ayant ainsi constaté le bien fondé de la réclamation des habitants de l'Ardillière, ordonna au curé de Dompierre d'avoir à se présenter à bref délai.

Cette enquête, si favorable pourtant aux habitants du village, n'obtint pas le résultat désiré, et ce ne fut que plus de deux cents ans après qu'ils furent annexés à la paroisse de Saint-Xandre.

.·.

Quelques années auparavant (1625), le curé de Dompierre, Messire Jehan Geoffroy, vient de mourir. Il sera intéressant de relater ici les dépenses que fit la Fabrique à l'occasion de ses obsèques (1) :

« 1º Payé pour la dépense qui s'est faite à l'enterrement du
» susdit Geoffroy, en la maison de Louis Péron, cabaretier, tant
» pour les gens d'église qui y ont assisté que ceux qui l'ont porté
» en terre, fait la fosse et ceux qui ont averti les dits gens
» d'église . . . . 9 livres 7 sols.

» 2º Plus payé le salaire de quatre prêtres
» qui l'ont enterré. . . . . 5, livres 12 sols.

» 3º Plus pour ceux qui ont fait la fosse. .   32 sols.

» 4º Plus pour le paiement de ceux qui ont
» averti les dits prêtres . . . .   48 sols.

» 5º Plus pour le paiement de ceux qui ont
» porté le corps en terre. . . . .   28 sols.

» 6º Plus payé pour ceux qui ont veillé le
» corps du dit Geoffroy et pour la chandelle.   30 sols.

» 7º Plus payé pour la dépense faite en la
» maison de Louis Péron tant pour les sus-
» dits ecclésiastiques que pour les segretaire
» et assistants au dit service . . . . 5 livres.

Il serait dans une grande erreur celui qui jugerait des mœurs de ces temps par les nôtres. Le mot cabaret n'entrainait alors avec lui aucune idée désavantageuse. Aussi n'était-il pas rare de voir les personnes les plus respectables y aller prendre leurs repas. L'évèque de Saintes, entre autres, venu en visite à Dompierre, dépensa chez Louis Péron, cabaretier, 20 sols.

Lorsque des prédicateurs étrangers venaient dans la paroisse, ils étaient hébergés aux frais de la Fabrique ; le curé de la paroisse devait en profiter : « Payé tant pour le disner du curé
» de Dompierre que pour ung des Cordelliers de la Fond qui
» était venu faire la prédication deux fois, sçavoir le len-
» demain de la Pentecôte et le jour du Saint-Sacrement, la
» somme de 22 sols. »

(1) La Fabrique vient de faire relier en deux volumes les comptes des anciens « fabriqueurs » depuis 1625 jusqu'à 1788. Ces comptes, malgré des lacunes considérables, sont encore bien précieux par les documents qu'ils nous offrent.

Une autre fois, le même Père Cordelier vint prêcher à Noël ;
- la dépense pour son « disner » se monta à 8 sols.

Après la mort du curé, ce fut un Père Cordelier qui desservit
la paroisse, et les dépenses faites par lui dans la maison de Pierre
Moreau furent également payées par la Fabrique.

Nous lisons encore dans le livre de dépenses que la Fabrique
a payé pour la collation, le jour de la Pentecôte, à Messire
Geoffroy, « qui sert à l'église de Dompierre », et à un autre
prêtre venu « pour fêter notre Pasteur » et à un Père Cordelier de
Lafond qui a fait la prédication, la somme de. . . . . 24 sols.

La dépense du pain bénit en la fête de Pâques se montait à
trois livres cinq sols. Cette somme était payée par la Fabrique.

Pendant le siège de La Rochelle, il ne fallait plus songer
à se rendre dans cette ville pour faire les achats d'ornements
sacrés. C'est à Marans que, d'après les comptes, on acheta ce
qui faisait défaut à l'église de Dompierre. Mais le transport
devenait onéreux : « Payé le port d'un ornement transporté de
» Marans..... 16 sols. — « Plus payé au batellier de Sérigny
» pour le passage d'un ornement le droit de péage au fort de la
» Brune et pour faire boisre les passagers.... 15 sols. »

Plus tard, on paya à François Raineault, « tant pour la garde
» du coffre de la Fabrique mené à Marans, que pour la coutume,
» passage et le charroy pour le retourner à Dompierre... 40 sols. »

La chasuble achetée à Marans était de couleur orange et avait
coûté 26 livres.

..

Il est facile, d'après le même livre de dépenses, de se représenter l'intérieur de l'église à cette époque.

Une grande fenêtre en berceau, datant du XVe siècle, ornait
autrefois le chevet ; mais les dégâts occasionnés par les guerres
et par les mauvais temps la firent boucher. On y laissa néanmoins une petite ouverture qui, trouvée trop basse, fut pratiquée
plus haut et enfin définitivement fermée.

Au-dessus du maître-autel était placé un pavillon soutenu par
des cordes. On érigea un maître-autel neuf, dont le tabernacle

fut livré par Estienne du Noyer, recteur du collège de la Compagnie de Jésus.

En face de la chaire se dressait un grand crucifix et une balustrade séparait la nef du chœur.

La galerie fut construite dès ce temps, et la grande porte toute neuve fut payée 22 livres à Léonard Lezeau, maitre maçon (1). Devant le grand portail se trouvait un ballet, abri qu'on voit encore devant quelques églises.

Avant les ruines causées par les hérétiques, l'église était voûtée dans toute sa longueur : les contre-forts du midi le témoignent. Mais, le calme revenu, on se contenta d'une couverture neuve, sans voûte ni plafond. Il en fut de même jusqu'en 1851, date à laquelle on construisit un plafond en plâtre.

On suivait alors avec un grand recueillement les processions du Très-Saint-Sacrement. Chacun ornait de son mieux sa demeure. Afin de couvrir de tentures le devant des maisons des hérétiques, qui refusaient de le faire eux-mêmes, la Fabrique fit la dépense de 4 sols pour l'achat d'épingles destinées « à accommoder » et à fixer ces tentures.

.·.

En 1657, le vicaire général Jousseaume, en visite à Dompierre, trouve l'église « qu'on bastist et encor que descouverte en partie ». Cet édifice avait cependant été déjà relevé de ses ruines, puisqu'on y célébrait les divins offices : il faut donc penser à un nouvel écroulement des murs et de la toiture.

Au cours de sa visite de 1652, Monseigneur Raoul constate que la cure est à sa nomination, « peut valoir 600 livres, ne consiste qu'au quarantain (2). Le prieuré est uni à la mense épiscopale, affermé 80 livres, à condition de faire faire le service aux quatre fêtes annuelles, et dix livres de patron. Il y a aussi une chapelle

----

(1) La journée d'un maître maçon se payait alors 14 sols ; celle des hommes de peine, 6 sols.

(2) Le 21 avril 1776, le curé rendit déclaration au prieuré de la cure de Dompierre, au devoir d'un poulet de cens. (*Inventaire des archives du Chapitre de La Rochelle.*)

appelée de Chagnolet, possédée par un chanoine de Soubise, qui peut valoir 15 ou 20 livres ; dans cette chapelle néanmoins ne se fait aucun service, car il y a de longues années qu'elle est en ruines (1). Il y a aussi une dépendance de l'abbaye de Saint-Léonard, appelée de Beaulieu, où il y a à présent trois religieux. La Fabrique vaut 20 livres de rente sans le revenu du cimetière, qui consiste en noix et herbes et peut valoir 24 livres. »

Puis, après avoir reçu la déposition du curé et ensuite celle du vicaire, pour savoir s'ils n'ont rien à dire contre leurs paroissiens, l'évêque interroge le peuple et prie ceux qui auraient à se plaindre du curé ou du vicaire de vouloir bien le faire sans crainte.

Cet usage n'était-il pas louable et ne dénotait-il pas l'idée d'une même famille entre les pasteurs, le peuple et l'évêque ? Et celui-ci ne réprimera pas seulement les écarts des petits, mais aussi ceux des seigneurs qui abuseraient de leur situation. Ainsi est-il dit, dans le procès-verbal d'une autre visite (1663), qu'un sieur de la Pinaudière avait usé de violence vis-à-vis d'un de ses serviteurs, qu'il obligeait à se marier contre sa convenance. Ce serviteur, nommé Pierre Rivez, accompagné de son père, Jean Rivez, vint trouver Monseigneur de Laval, en cours de visite à Dompierre, et lui révéla les violences de son maître. L'évêque promit de faire une enquête et d'agir en conséquence.

En 1663, la cure vaut mille livres ou environ ; la Fabrique peut valoir près de 30 livres (2), consistant en diverses rentes « sur un particulier de La Rochelle et sur un autre de ce bourg », et le reste dans un pré donné par feu M. Bobiet, curé. Le Père Meudet, de l'Oratoire, est possesseur de quelques chapelles dans la paroisse. Il y a de plus un prieuré sous le titre de Saint-Hilaire, dépendant de l'abbaye de Bonnevault, proche Poitiers,

---

(1) La transaction passée en 1650 entre les évêques de Saintes et de La Rochelle comprenait les chapelles de Malmort et de Macquain, dans la paroisse de Dompierre. Un acte notarié de 1646 fait aussi mention du prieuré de Grandmont, situé aux Brandes.

(2) La Fabrique possède, en effet, 15 titres de rentes sur des particuliers, montant au chiffre de 20 livres 11 sols 2 deniers ; le cimetière est afferiné 8 livres. (Comptes de la Fabrique.)

qui peut valoir 1.000 ou 1.200 livres ; le curé ne sait quel service doit le prieuré, car il n'y a que les vestiges d'une église (1).

De cette époque date la fondation de Sébastien Massé. Celui-ci avait légué à la Fabrique la somme de 50 écus pour 50 ans, à la charge de faire chanter une messe le jour de sa fête, le 20 janvier, pour le repos de son âme. Il avait de plus ordonné de faire construire à ses frais un autel dédié à saint Sébastien. Cet autel se trouvait au côté droit en entrant, proche le grand autel.

Les rentes de la Fabrique étaient donc bien minimes. Il en était de même des quêtes, qui rapportaient quelquefois 5 sols, 2 sols, quelques deniers. Quant aux droits d'inhumation dans l'église, ils étaient de 15 livres pour les grandes personnes, et de 7 livres 10 sols pour les enfants. Ces droits furent élevés au double, en 1736.

Le droit de location des bancs existait bien, mais sur le papier seulement, comme il est constaté par le procès-verbal d'une visite de Monseigneur de la Frezelière, en 1694. L'évêque reconnait que les paroissiens ne prennent pas de baillettes et ne payent rien à la Fabrique ; il ordonne, en conséquence, à ceux qui n'en ont pas encore d'en prendre et d'en payer le prix, pour subvenir aux réparations nécessaires à l'église, ainsi qu'à l'achat des ornements.

Parmi les travaux les plus urgents, ordonnés par l'évêque, figure un tableau neuf, pour mettre derrière l'autel ; celui qui s'y trouve alors est usé et déchiré en plusieurs endroits. Un tabernacle neuf est aussi nécessaire. De plus, il faudra faire dorer le dedans du calice et la patène et « la petite boite pour porter le Saint-Sacrement aux malades », et on achètera un soleil d'argent (ostensoir), dont le croissant sera doré.

La bonne volonté ne manquait pas, mais les temps étaient durs. Dans les deux visites suivantes, Monseigneur l'Évêque se faisant présenter un rapport au sujet de la location des bancs, vit bien

(1) Cette église était située au lieu encore appelé « l'Abbaye Saint-Hilaire », près de Puilboreau. Fondée par le premier maire de La Rochelle, Robert de Montmirail, elle reçut, en 1199, la dépouille mortelle du fondateur.
Une autre chapelle existait aussi à Puilboreau au xvie siècle.

qu'on ne payait pas. « Il est du devoir du curé, disait-il, de
» représenter à ses paroissiens dans ses prônes que, la Fabrique
» étant extrèmement pauvre, il y a de la justice que les bancs
» soient payés, qu'on fasse des baillettes et qu'on les livre au
» plus offrant et dernier enchérisseur ; cependant comme nous
» voulons bien avoir égard à la misère des peuples, nous voulons
» bien qu'on les livre à un prix médiocre, jusqu'à ce que les
» temps viennent meilleurs. »

Mais les travaux indiqués plus haut avaient été exécutés : le
tabernacle est tout neuf, les vases sacrés en bon état, à l'exception
toutefois du soleil, qui est de cuivre et que l'évèque désire
d'argent, et pour l'achat duquel il veut contribuer en donnant
deux louis d'or de son argent.

.·.

L'instruction était en honneur dans la paroisse de Dompierre.
Dès le xve siècle (1497), Guillaume Saoulet, clerc, reconnais-
sait tenir les écoles de Dompierre de l'évèque de Maillezais et
non d'autres, « par la collation que luy a faite le commandeur
» dudit lieu de Dompierre de par mon dit seigneur évèque. »
(Invent. des archives du Chapitre de La Rochelle.)

Non seulement il y avait une école au bourg, mais des maîtres
enseignaient aussi au village des Brandes, à Puilboreau et à
Chagnolet.

Dans le bourg, la Fabrique payait le logement du maître
appelé « régent », au xviie siècle. Les « instructeurs de jeunesse »
étaient en même temps chantres. Les temps ne sont pas si loin
de nous que nous ne puissions nous rappeler qu'il en était encore
ainsi. On n'enseignait pas alors, à la vérité, la multitude de
choses plus ou moins utiles imposées de nos jours; mais l'instituteur apprenait aux enfants à connaître Dieu, ce qui était bien
plus précieux dans la conduite de la vie.

CHAPITRE VII

La seigneurie de Dompierre au XVIIᵉ siècle ; Les Green de Saint-Marsault; Échange avec le roi de Dompierre contre Châtelaillon (1699). — Une famille de Dompierre en Canada : Jacques Archambault (1645). — Missions ; Refonte des cloches.

La seigneurie de Dompierre était restée pendant tout le xvıᵉ siècle dans la possession de la famille Geoffroy. (Voir Document IV.) Par le mariage de Suzanne, fille de Jehan, *aliàs* Charles Geoffroy et de Suzanne Salbert, avec Louis de Polignac, le 6 mars 1614, d'abord (1); et ensuite, par le mariage de Madeleine de Polignac avec Ozée Green de Saint-Marsault; en 1631, cette terre passa dans les mains de la famille de Saint-Marsault. C'est alors qu'elle fit l'objet d'un échange et arriva en la possession du roi dans les circonstances suivantes.

La baronnie de Châtelaillon avait été donnée, le 22 octobre 1458, par Charles VII à Jean d'Orléans, comte de Dunois, et à ses descendants, ducs de Longueville, à la charge de réversion, à défaut d'héritiers mâles. La baronnie fut ainsi possédée jusqu'en 1596 par les ducs de Longueville. A cette dernière époque, Marie de Bourbon vendit Châtelaillon à Antoine Couraud, procureur du roi à La Rochelle. Couraud en resta paisible possesseur jusqu'à sa mort. Daniel Green de Saint-Marsault, gentilhomme d'Aunis, originaire d'Angoumois, acquit alors cette seigneurie, saisie sur les héritiers de Couraud (31 août 1615).

Châtelaillon resta à la famille de Saint-Marsault jusqu'en 1694, époque où mourut le dernier descendant mâle des Longueville. Le fermier de la généralité de La Rochelle demanda alors

(1) Charles Geoffroy avait eu deux frère et sœur: *Louis,* appelé seigneur de Maurie (en Poitou) et de Dompierre, et *Madeleine,* mariée à Jean du Fort, dame de la Tourtillière.

la réunion de la baronnie à la Couronne. Cette réunion fut ordonnée par arrêt du Conseil du 9 mars 1694.

La famille de Saint-Marsault employa alors tout son crédit pour empêcher que cette réunion n'eût son effet. Louis Green de Saint-Marsault, au nom de la famille, comme aîné (1), offrit de donner au roi d'autres fonds de même valeur : ce fut la terre et seigneurie de Dompierre.

Le roi eut égard à cette offre. Il fut dressé respectivement procès-verbal d'estimation de chacune des deux terres, par l'intendant Bégon pour Châtelaillon, le 28 juillet 1696, et par le sieur de Bonnemort, subdélégué de l'intendant, le 24 du même mois, pour la seigneurie de Dompierre. Le contrat d'échange fut ensuite passé le 5 février 1699; avec entrée en jouissance du 1er janvier 1698.

« Le château de Dompierre, écrivait plus tard Arcère, est entièrement ruiné. » Il est probable qu'il l'était depuis longtemps, car les registres paroissiaux ne font aucune mention de résidence de la part des seigneurs engagistes. Au contraire, on trouve les noms des fermiers du château.

La ruine de ce château devint complète, lorsqu'il fut aux mains du roi ou des seigneurs engagistes; il fut démoli par Monseigneur de Crussol d'Uzès, peu de temps avant la Révolution. Au rapport de Claude Masse (*Mémoire géographique*), il n'avait rien de remarquable (2).

La paroisse de Dompierre peut revendiquer la gloire d'avoir

---

(1) Madeleine de Polignac vivait encore en 1689; elle était sans doute récemment décédée. Sa résidence était au château de Dompierre. Elle y habitait avec sa mère, Suzanne Geoffroy, en 1661, au moment du partage entre elle et ses sœurs. (Archives départ. E. 104.) En 1668, elle était veuve de son mari, dont elle avait été séparée de corps et de biens, et Hector de Saint-Marsault, l'un de ses fils, prenait le titre de seigneur de Dompierre. (Registres protestants.)

(2) Les Geoffroy avaient toujours eu leur principale résidence à Dompierre, dans le château reconstruit, croyons-nous, par Georges Geoffroy et Marie Furgon, au lieu encore appelé « le Château », propriété de M. de Laroy. Mais le château primitif nous semble avoir été plus rapproché du bourg, probablement au fief appelé la Garenne, où la tradition rapporte qu'il y avait, en effet, autrefois un château.

donné au Canada l'une des plus anciennes et des plus considérables familles françaises, originaires de l'Aunis. Lorsque
Samuel de Champlain eut enfin organisé la Nouvelle-France,
après trente années de dévouement et de sacrifice, un mouvement d'émigration commença sous le patronage d'Anne d'Au-
triche et la puissante impulsion de Richelieu. Il grandit plus
tard sous l'administration intelligente de Colbert et du gouvernement de Louis XIV. Dès l'année 1645, Jacques Archambault,
accompagné de sa femme, Françoise Toureau, et de ses cinq
enfants, quittait le village de l'Ardillière pour s'embarquer vers
ces contrées lointaines, où son nom est aujourd'hui porté par
toute une légion de descendants. Il allait contribuer non seulement à fonder la plus belle colonie française, mais aussi à
implanter la foi chrétienne parmi les peuplades sauvages;
car, on ne l'ignore pas, les colons étaient choisis avec soin parmi
les hommes fidèles à la pratique de la religion catholique.

D'abord établi à Québec jusqu'en 1650, au service d'un
seigneur qu'il avait probablement suivi, Jacques Archambault
accompagna ensuite Paul de Chomedey, sieur de Maisonneuve,
afin d'aider le fondateur de Montréal à protéger sa petite ville
naissante contre les attaques incessantes des Iroquois. Il fut
chargé de la défense d'une redoute, et, pour cela, il avait sous
ses ordres, dit l'abbé Faillon, une escouade de dix soldats impro-
visés, défricheurs comme lui, qui d'une main tenaient l'épée, et
de l'autre dirigeaient la charrue.

L'année suivante, seize colons, parmi lesquels Denys Archambault, son fils, âgé de vingt et un ans, en garnison à l'hôpital,
y soutinrent, sous les ordres du major Lambert Closse, un siège
mémorable contre deux cents Iroquois. Ils firent résistance
depuis six heures du matin jusqu'à six heures du soir, sans
éprouver d'autre perte que celle de Denys Archambault. En
mettant le feu à un canon de fonte, pour la troisième fois, le
courageux jeune homme fut atteint par un éclat de cette pièce
qui creva et tua en même temps beaucoup d'ennemis. Enfin les
Iroquois se retirèrent.

Jacques Archambault mourut à l'âge de quatre-vingt-quatre
ans, laissant cinquante-deux petits-enfants et douze arrière-

petits-enfants. Il est facile de comprendre comment une si nom-
breuse famille contribua à peupler ce beau pays de Canada.
Parmi ses membres, l'on compte actuellement un vénérable
chanoine qui a composé dans sa vieillesse, pour charmer les
heures de sa retraite, la *Généalogie de la famille Archambault* (1891), brochure dédiée à son neveu, avocat à Montréal.
M. U.-E. Archambault, directeur général des écoles catholiques
de Montréal, principal de l'Ecole polytechnique (Académie com-
merciale) de cette ville, appartient à une branche de la même
famille (1).

.·.

Les registres paroissiaux font mention de deux morts violentes
survenues à Dompierre, dans la seconde moitié du XVIIe siècle.
En 1656, René Caillaud, maître chirurgien, reçut « tout à la
hâte » le sacrement de pénitence, pour avoir été blessé malheureusement d'un coup de pistolet dont il mourut trois heures
après. Il ne faut peut-être voir là qu'un accident. Mais une autre
fois un homme fut tué, sans que l'on cite ni l'agresseur ni la
victime.

Doit-on conclure de ces morts à la violence générale des
mœurs et à des divisions et des haines entretenues par les dissen-
sions religieuses ?

Quoi qu'il en soit, le besoin de recueillement et de prière se
faisait partout sentir. Une première fois, on fit dans la paroisse
les exercices du Jubilé, pendant les mois d'août et septembre 1690.
Un peu plus tard, les missions furent inaugurées par le Père
Montfort dans tout le pays d'Aunis. En 1709, Messire Pierre
Texier, supérieur de la Mission de Fontenay-le-Comte, et Yves
Moreul, aussi prêtre de la Mission, évangélisèrent la paroisse de
Dompierre. Pendant ce saint temps, il se fit beaucoup d'abjura-
tions d'hérésie, à tel point que sur cent protestants qu'on
comptait en 1650, il n'y avait plus que deux familles hérétiques,
comme le constate le procès-verbal d'une visite faite quelques
années après. C'est sans doute dans la maison de l'un de ces

(1) Jacques Archambault était fils d'Antoine et frère de Denys Archambault, ancêtres maternels de M. Tauzin, l'un des auteurs de cette étude.

derniers religionnaires, à Belle-Croix, que fut pratiquée, le 11 août 1751, la saisie de 116 livres religieux par la maréchaussée. (Archives départ. C, 137.)

.·.

On n'avait pas oublié la recommandation de l'évêque au sujet de la refonte de la cloche fêlée, la seule que renfermât le clocher. Aussi, le 8 septembre 1711, à l'issue de la messe paroissiale célébrée par l'abbé Guibert, théologal de l'église Cathédrale de La Rochelle, « fut faite, par le dit sieur théologal, la béné-
» diction de deux cloches, l'une du poids d'environ 200 livres,
» sous les nom et invocation de saint Jean-Baptiste, l'autre, de
» 80 livres, sous l'invocation de sainte Anne, procurées à cette
» église par les libéralités de Mre Charles Fleury, écuyer, major
» garde-côte du département de Châtelaillon, lesquelles susdites
» cloches ainsi nommées et distinguées par Mre Jean-Baptiste
» d'Aumont, écuyer, capitaine des gardes de Mgr le maréchal de
» Chamilly, et par Marie-Anne de la Magnière, demoiselle de
» Chagnolet. »

Le 8 décembre de la même année, on bénit une troisième cloche du poids de 400 livres, sous les nom et invocation de saint Pierre, « laquelle cloche a été ainsi nommée et distinguée
» par Mre Richard Massiot, écuyer, seigneur de la Mothe, com-
» missaire ordonnateur de la Marine du port de La Rochelle,
» et dame Marguerite-Henriette Baudoin, épouse de Mre Charles
» Fleury, bienfaiteur de cette église. »

Antoine Savignac, fondeur, mort en 1715 et inhumé dans l'église de Dompierre, était peut-être le fondeur des trois nouvelles cloches.

On peut se demander comment, dans un espace aussi restreint que celui offert par le clocher (1m.45 × 1m70), il était possible à trois hommes de sonner à toute volée.

Ces cloches ne durèrent pas longtemps, d'ailleurs, car vingt ans plus tard (1732), on fut obligé d'en faire fondre une nouvelle par le sieur Peret (ou Poret). Puis, en 1752, le sieur Leclair fondit la grosse cloche, qui coûta 228 livres.

Enfin, le 30 octobre 1786, une nouvelle cloche (la grosse à

cette époque), du poids de 476, fondue à La Rochelle par M. François Lavouzelle, reçut le nom de *Louise-Charlotte*, de Messire Louis-Charles Carré des Varennes, écuyer, conseiller secrétaire du roi honoraire, ancien officier des troupes de Saint-Domingue, seigneur de Saint-Marc, etc..., et dame Charlotte-Marie Cousin, épouse de Messire F. C. Carré de Candé, écuyer (1).

(1) Nous ne savons si cette cloche a traversé, indemne, la période révolutionnaire, et si, à la réouverture de l'église, elle a pu servir encore jusqu'en 1820. Mais à cette dernière époque, le sieur Henry, fondeur, reçut la somme de sept cent quatorze francs, pour avoir fondu une cloche, laquelle ne dura pas longtemps, puisque, dix ans plus tard, on pensait à la faire refondre. François Peyney, maître fondeur, exécuta ce travail seulement en 1839. Cette cloche, la grosse alors, la petite aujourd'hui, porte l'inscription suivante : « L'AN 1839 NOMMÉE PAR Mr MARIE ALEXANDRE CADORET DE BEAUPREAU, PRÉSIDENT DE LA FABRIQUE, Mme FÉLICITÉ VOISIN, ÉPOUSE DE Mr CHARLES ANDRÉ BARREAU, NOTAIRE. FECERUNT PEYGNEY ET DOUSSET A MORTAGNE VENDÉE. »
Dans cette inscription, on peut remarquer l'absence du nom de la cloche.
Enfin, MM. Prieur, Babeuf et Consolin, de La Rochelle, furent choisis pour refondre la petite cloche, cassée en 1870, et la livrèr du poids de 300 kilos. Elle fut nommée *Marie*. Le parrain fut M. Achille Tatin, notaire, et la marraine, Mme Clémence Le Provost de Launay. On y lit cette inscription : « AD DEO SERVIENDUM IN ECCL. B. PETRI DOMPIERRE. S. MER. LEO BEN. CAR. THOMAS EPISC. RUPELL. ET SANTON. ME SACRAVIT. PATRINUS ACHILLES TATIN, NOTARIUS. MATRINA CLEMENTIA LE PROVOST DE LAUNAY, MIHI NOMEN DEDERUNT MARIAM. HUJUS MUNICIPII MAJORE DE LAROY, HUJUSQUE PAROCHIOE RECTORE ALF. BLANCHARD MDCCCLXXIV.
LA ROCHELLE »

CHAPITRE VIII

Les diverses seigneuries en Dompierre au XVIIIᵉ siècle. — Administration; Impositions. — La Fabrique; L'horloge; Restauration de l'église (1774-1778).

La description des seigneuries qui couvraient la paroisse au xviiiᵉ siècle offre le plus grand intérêt. On la trouve dans un relevé dressé en 1719 par les agents du Domaine. (Voir Document V.)

Après avoir lu ces descriptions, si l'on se reporte aux temps actuels, on se prend à regretter cette époque passée, où le territoire de Dompierre était si riant, si attrayant, qu'on voyait les sommités sociales de La Rochelle venir passer la plus grande partie de l'année dans ces séjours pleins de charmes. Ainsi trouvait-on les Massiot à la Motte, les Bourdon-d'Ombourg à la Pinaudière, les de Fleury au château de Maubec, et l'intendant de la Généralité, Jean-François de Creil, à Chagnolet, gros village dont plusieurs maisons rappellent par leur construction avoir été bâties par des gens appartenant à l'aristocratie et à la bourgeoisie.

Pour ne priver d'aucun avantage M. l'Intendant, Pierre Ridasse, curé de la paroisse, avait obtenu de Monseigneur l'Evêque de La Rochelle l'autorisation de bénir une salle dans la maison de Chagnolet et d'y célébrer la messe avec cette obligation formelle de démolir l'autel sans qu'il en restât aucun vestige, dès que l'intendant n'habiterait plus Chagnolet.

Le procès-verbal de cette cérémonie, faite le 27 juillet 1718, est signé de l'intendant lui-même, de J.-E. Turgot de Sousmons, maître des requêtes, et du R. P. Louis Moricot, de la Compagnie de Jésus.

Quant à la seigneurie de Dompierre, entrée dans le domaine de la Couronne, elle fut ensuite engagée par le roi. Le marquis

Pérou de Bellisle, brigadier des armées du roi, en devint seigneur engagiste pour sa vie seulement, par contrat du 23 août 1718, moyennant 2.900 livres de rente, 58.000 livres en numéraire et 4 livres de redevance.

En 1744, Charles-Eugène-Gabriel de la Croix de Castries était seigneur engagiste de Dompierre et de Boissant, par sa femme, Gabrielle-Isabeau-Thérèse de Rossel de Fleury. Celle-ci avait acquis, le 12 avril 1740, pour 120.000 livres.

Nicolas de Montholon, chevalier, ancien premier président de Metz et de Normandie, possédait « la terre, seigneurie et baronie » de Dompierre, moyennant 120.000 livres et le sol pour livre, suivant contrat d'engagement du 4 novembre 1772, lorsqu'il la vendit, le 7 juin 1784, pour 110.000 livres seulement, en considération des réparations à faire aux bâtiments, etc., à Monseigneur François-Joseph-Emmanuel de Crussol d'Uzès, évêque de La Rochelle, seigneur de Maubec, qui démolit le château. (Archives de la direction des Domaines de La Rochelle.)

.˙.

Lors de sa visite pastorale du 19 mai 1732, Monseigneur Roch de Menou constate la grande propreté de l'église, à part toutefois le pavé, auquel il manque beaucoup de carreaux. Le tabernacle est doré en plein (1). La sacristie est derrière l'autel, elle est fort jolie (2). Dans la paroisse, on cite la chapelle de Chagnolet, possédée par le sieur Péré, prieur curé de Thairé : elle vaut 18 à 20 livres; la chapelle domestique de la maison de Maubec appartenant à M. Fleury, négociant à La Rochelle; celle de la maison de la Mothe, appartenant à M. de Venours, trésorier de France à Poitiers : elle est fort bien tenue.

« La paroisse dont le Roy est seigneur foncier, et usufruitier » M. de Bellisle, brigadier des armées du Roy, contient 1.400 com-

(1) Ce tabernacle fut remplacé, douze ans plus tard, par un autre sculpté par un sieur Leconte, de Saint-Jean-de Liversay, au prix de 430 livres.
(2) On n'en dirait pas autant de celle d'aujourd'hui. Aussi la Fabrique la fait-elle reconstruire (mars 1896) à peu près sur l'emplacement de l'ancienne.

» muniants et 2 familles de religionnaires. Il y a dans l'église la
» Confrérie du Saint-Sacrement qui n'a d'autre revenu que les
» libéralités des confrères. Le nommé Noël Larsonneur fait la
» fonction de maître d'école dans le bourg, et Pierre Supet au
» village de Chagnolet. Ils n'ont point de gages fixés. Nous avons
» remis nos droits (1). »

Le chiffre des impositions levées dans la paroisse, vers 1740,
s'élevait à 10.802 livres 11 sols 8 deniers. (*Etat général de la
situation des paroisses*, Mss. nᵒˢ 69-70 de la Bibliothèque de La
Rochelle). « Cette terre est passablement bonne, ajoute le même
document ; elle consiste surtout en jardins et en vignes. » Il n'y
a plus alors que deux foires, au lieu de six, comme deux cents
ans auparavant. Ces foires se tiennent le 29 mai (2) et le 1er août.
La paroisse renferme 648 feux, en 1737 ; on n'en comptait que
417 seulement, en 1712.

Les comptes de la Fabrique nous donnent encore quelques
détails intéressants au sujet de l'ornementation de l'église, au
XVIIIᵉ siècle.

Ainsi l'on paya 70 livres au sieur Antoine, peintre, pour avoir
fait et fourni un tableau neuf à l'autel de la Sainte Vierge.

Ils nous apprennent aussi combien les férrures des verrières
étaient faibles, de telle sorte qu'on était obligé, chaque année, de
faire une dépense considérable pour réparer les vitraux. Cette
dépense s'élevait, en moyenne, à 60 livres par an. Il n'est pas
étonnant qu'on bouchât les fenêtres au tiers ou à demi, pour
n'avoir pas tant de frais.

Le F. Yves raccommoda le tableau du grand autel, pour le
prix de 6 livres.

De toutes les paroisses environnantes, Dompierre était la seule
qui possédât alors un clocher. Mais il ne suffisait pas d'en avoir
un, ni d'y entendre sonner de temps en temps les cloches : il
fallait le faire habiter par un être pour ainsi dire vivant, qui fit
continuellement retentir sa voix sur la paroisse. Ce devait être
du luxe qu'une horloge, en l'année 1761 ; mais Dompierre avait
assez d'importance pour se croire digne d'en posséder une.

(1) Les droits de l'évêque sur la paroisse s'élevaient à 2 livres 10 sols.
(2) Il faudrait peut-être lire « 29 juin », jour de saint Pierre.

On la commanda donc au sieur Roche, horloger à La Rochelle. En voici la description, que nous devons à l'un de nos bons amis :

« L'horloge, construite en 1758, par Roche, à La Rochelle, établie
» dans le clocher à environ 10 mètres du sol, ne peut fournir
» 24 heures de marche qu'au moyen de poids moteurs mouflés ;
» elle sonne les heures et les demies, mais n'a pas de cadran ; son
» mécanisme, entièrement en fer et acier, est supporté par des
» montants fleurdelisés que domine une croix ; l'échappement
» est à verge et la suspension du balancier, primitivement à
» couteau, a été remplacée par le système de lames flexibles.
» L'examen des engrenages démontre les défectuosités de cette
» importante partie de la mécanique, quelques années avant
» l'application, par Berthoud et Le Roy, des magnifiques théories
» de Camus. »

Cette horloge eut bien des péripéties. Tour à tour considérée, reléguée dans un grenier, remise en honneur, remplacée près de cent ans après sa construction, et enfin remontée dans sa première place, elle est encore sous le coup d'être remplacée une seconde fois. On lui reproche de *dérailler* si souvent ! Et cependant elle est tellement familière et tellement aimée, que, lorsqu'il arrive parfois de la laisser dormir, on se plaint de son silence. Et quand on l'entend sonner, on se réjouit encore, malgré ses défauts. Elle est si vieille ! Ne lui doit-on pas de la reconnaissance de nous prévenir quand le jour finit et que le lendemain commence ? Elle semble dire, pendant le temps de notre repos : « Dormez, je veille et je saurai vous avertir lorsque le moment de la prière et du travail sera revenu. »

La Fabrique dut intenter plusieurs procès contre des particuliers. Le sieur Valette, entre autres, procureur au siège présidial et sénéchaussée de La Rochelle, et son épouse, demoiselle Marie-Anne Auboyneau, héritière de dame Marie-Anne Auboyneau, veuve de Messire Georges Dupin de Bellugard, sa tante (1), se

(1) Mme de Bellugard, veuve d'un capitaine de vaisseau à Rochefort, avait donné à l'église de Dompierre son habit de noce, consistant en une robe longue et un jupon « étoffe de soye à fond bleu avec de grandes » fleurs rouges et blanches », pour être employé à faire des ornements.

virent réclamer trente-six arrérages d'une rente de 32 sols 3 deniers due sur deux journaux de terre au fief Tueloup.

Commencé en 1760, le procès se termina 19 ans après par le retrait de l'action de la part de la Fabrique, qui intercala dans son cahier de rentes cette note :

« Le Sr Valette étant insolvable, on n'a pu le faire payer malgré les poursuites que les fabriqueurs précédents ont fait faire et pour lesquelles la Fabrique a déboursé plus de cent vingt livres. »

Le curé de Dompierre, Messire Gastumeau, se croyant excessivement imposé, en 1761, adressa une supplique en dégrèvement à la Chambre ecclésiastique. Les motifs qu'il invoquait, conformes aux plaintes d'autres curés voisins, à la même époque, ne paraissent pas avoir été tenus en considération, car on lit, en tête de la supplique, ces mots : « Taxée à l'ordinaire ». Ils n'en méritent pas moins d'être cités : « ..... Dit qu'il serait imposé aux décimes
» et don gratuit à la somme de cent quarante livres dix sols,
» laquelle somme il a payé au mois de décembre dernier... que,
» cependant, depuis trois ans qu'il est en possession dudit bénéfice
» cure de Dompierre, il n'a eu que de très médiocres récoltes, ce
» qui le mit, l'an dernier, dans la nécessité d'emprunter cinq cents
» livres pour vivre ; les dépenses, les charges et tout ce qui lui
» en a coûté pour l'exploitation desdites récoltes, ayant absorbé
» tout le revenu et même au-delà, comme il est à même de le
» faire voir sans aucune exagération. Le suppliant représente,
» d'ailleurs, qu'il n'est guère de paroisse où le nombre des
» pauvres soit aussi considérable et où un curé soit plus à même
» d'exercer la charité ; qu'en outre, le suppliant est continuel-
» lement obligé de donner l'hospitalité à des religieux mendiants
» qui vont et viennent de différens endroits, ce qui augmente les
» charges onéreuses de son bénéfice. En un mot, les peines du
» suppliant sont si grandes et il ne craint point de vous le repré-

La Fabrique laissait en retour, aux nièces de la donatrice et d'après ses dernières volontés, la jouissance d'un banc sans arrentement nouveau. (1er novembre 1745.)

» senter, il le fait même avec confiance, que bien des fois il s'est
» repenti d'avoir accepté dans le temps la résignation que lui a
» fait du bénéfice le sieur Brion, ci-devant curé.

    » Au reste, le suppliant sçait bien l'embarras où se trouvent
» Messieurs de la Chambre pour la répartition des décimes
» exhorbitantes que ce diocèse paye à Sa Majesté et que cette
» répartition, quelque onéreuse qu'elle soit pour les bénéficiers,
» est cependant marquée au coin de la prudence et de la justice
» distributive.

    » Ce considéré, Monseigneur et Messieurs, il vous plaise avoir
» égard à la situation et aux peines du suppliant ; il offrira ses
» vœux et ses prières au Seigneur pour votre conservation et
» prospérité. »

GASTUMEAU, prieur-curé de Dompierre.

Sous le ministère du même curé, le presbytère fut reconstruit
tel qu'on le voit aujourd'hui, ainsi que le constate la date (1771),
gravée sur l'une des portes principales.

En cette même année 1771, il se tint au-devant de la grande
porte de l'église, selon l'usage, à l'issue de la grand'messe paroissiale, une assemblée par-devant Plessis, notaire royal à Dompierre. Tous les collecteurs des tailles de la paroisse, à la tête
desquels on remarquait Louis Picard, syndic, avaient réclamé
cette réunion pour juger du cas du sieur Emmanuel Weiss, qui
se prétendait imposé plus que de raison. Ce dernier voulait se
faire passer pour régisseur et non pour fermier du château et
de la seigneurie de Dompierre. « Pourquoy il se serait meu
» procès entre eux et le sieur Emanuel Weiss, dont l'instance a
» été jugée au siège de l'Election de La Rochelle et sur l'appel
» qu'en a fait Mᵍʳ le marquis de Castries, seigneur de laditte
» seigneurie de Dompierre, l'Instence est actuellement pendante
» au Conseil ; que les collecteurs des tailles d'ycelle ditte paroisse
» des années dernières 1767, 68, 69, 70 et 71 ont continué à com-
» prendre et taxer sur leurs rolles le fermier et jouissant du
» Château de Dompierre. C'est pourquoy que lesdits collecteurs
» des tailles... nommés pour laditte année prochaine 1772 requiè-
» rent l'avis du général desdits habitants s'ils continueront aussy

» de comprendre et taxer sur leur rolle comme il a toujours esté
» cy devant fait..., à quoy le sieur Louis Picard, sindic de cette
» ditte paroisse, Jean Foubert (et 46 autres nommés dans l'acte),
» tous manans et habitans... icy à ce présents faisant tant pour
» eux que pour les autres habitans d'ycelle paroisse absens,
» ont dit et déclaré que la ditte seigneurie de Dompierre n'a
» jamais esté en régie et qu'elle a toujours esté en ferme, que
» conséquament yceux dits habitans présens susnommés con-
» sentent et donnent pouvoir aux susdits collecteurs requérants
» nommés pour la ditte année prochaine 1772 de continuer de
» taxer comme il a esté toujours cy devant fait... (1) »

Quelques années auparavant, le sieur Weiss avait, en effet,
signé une reconnaissance en qualité de fermier du château. Il
avait reçu à ce titre une somme de onze cent soixante-six livres
trente sols quatre deniers, due au seigneur de Dompierre pour
les quatre sols par livre des lods et ventes.

.·.

Le 16 février 1774, le frontispice de l'église s'était écroulé sous
l'abondance des pluies et tout l'ensemble de l'édifice avait besoin
de réparations urgentes, que la misère occasionnée par la cherté
des vivres, la disette des récoltes et les impôts avaient fait ajour-
ner depuis plusieurs années. Aussi le curé et les habitants
s'empressèrent-ils d'adresser une supplique à l'intendant de la
Généralité, afin d'obtenir l'autorisation de s'assembler et de déli-
bérer sur les dépenses à faire. La réunion eut lieu le dimanche
premier mai 1774. Le 14 du même mois, l'intendant de Montyon
ordonnait « qu'en présence du sindic, de quatre des principaux
» habitants ensemble les seigneurs et gros décimateurs et autres
» personnes intéressées ou duement appellées, il serait par
» experts... dressé un procès-verbal de visite, devis et détail
» estimatif. »

Ce devis fut, en effet, arrêté le 22 novembre suivant, par les

(1) Chaque année, dans des réunions semblables, étaient nommés le
syndic de la paroisse, les fabriciens, les collecteurs d'impôts.

entrepreneurs Métau et Chabot, de La Rochelle. Il se montait à la somme de 8,745 livres.

C'est alors que le mur de façade et le portail furent entièrement rebâtis sur les anciennes fondations et tels qu'ils existent aujourd'hui : parement de pierres de taille posé à mortier de chaux et sable, et le reste de l'épaisseur du mur en moëllons et mortier bâtard, moyennant une estimation de 1,408 livres. — Le mur du côté de l'épître, donnant sur le grand chemin, fut aussi démoli sur une longueur de 47 pieds à partir de l'encognure sud-est jusqu'au jambage de la petite porte et reconstruit en moëllons sur les anciennes fondations, au prix de 600 livres, y compris les deux fenêtres et le crépissage. — Tous les murs et le pilier buttant du clocher furent rejointés et recrépis, et le pan-coupé qui existe sur l'angle saillant du pilier buttant fut en même temps pratiqué jusqu'à la hauteur d'environ 8 pieds, « pour y placer un fanon » et sans doute pour conserver à la route, en cet endroit, une largeur convenable. — La charpente de la flèche reçut des réparations pour 200 livres, et la couverture d'ardoises fut entièrement refaite ainsi que le bâtis et « deux abat-jour » à chaque fenêtre, moyennant 400 livres.

D'autres réparations importantes eurent lieu en même temps à la charpente et à la couverture, etc... La principale porte en bois de chêne doublée de sapin, décorée de moulures, d'une imposte et d'un attique, fut évaluée, avec tous les accessoires, 150 livres. — La petite porte en bois de chêne, sans moulures, coûta seulement 62 livres. Les deux vitraux des fenêtres, reconstruites au midi, furent estimés 94 livres ; celui de la façade, 30 livres (1). — La sainte table en fer, avec portes cintrées, s'étendant sur toute la largeur de l'église, fut évaluée 380 livres.

Tous ces travaux, exécutés par Dubuisson et Fournier, entrepreneurs, étaient terminés au mois de mai 1778, époque où les curé, syndic et habitants certifiaient qu'ils avaient été faits conformément au marché (2). Ils furent d'ailleurs, suivant ordon-

(1) La rosace de la façade a été bouchée depuis lors.
(2) Les entrepreneurs avaient été condamnés à 50 livres d'amende pour n'avoir pas, tout d'abord, exécuté les travaux conformément au devis.

nance de l'intendant, examinés par le sieur Verdon, inspecteur des ponts et chaussées, le 16 juin suivant.

François Gazeau avait été désigné comme collecteur des deniers destinés à payer les dépenses. Nous avons trouvé le chiffre payé par un laboureur, Jacques Chaigneau; il s'élevait à 5 livres 2 sols 8 deniers.

CHAPITRE IX

**La Révolution : Cahier des doléances des habitants de la
paroisse de Dompierre ; Electeurs du clergé et de la
noblesse de la paroisse. — Constitution de la Municipalité ;
Difficultés relatives à l'élection du maire. — Garde nationale.**

Louis XVI avait convoqué les Etats-Généraux pour le 1er mai
1789. Les villes et les communautés durent se préparer aux élec-
tions des députés. Le 1er mars 1789, sur l'appel fait au son de la
cloche, en la manière accoutumée, comparurent en l'église de
Dompierre, lieu ordinaire des assemblées, par-devant Jean-
François-Catherine Carré de Candé, écuyer, conseiller du roi,
lieutenant particulier en la sénéchaussée de La Rochelle : Jean-
Louis Chaillé, syndic de ladite paroisse et fabricien ; André
Bouyer, aussi fabricien ; Jean-Baptiste Leconte ; Jacques-Augustin
Daguin ; Jean-Baptiste Monneron ; Jacques-François Barbotin
et cinquante-cinq autres. Il fut d'abord procédé à la rédaction
du cahier des doléances de la paroisse. Les suffrages se portèrent
ensuite sur les sieurs J.-B. Leconte, Jacques Daguin, J.-B. Monneron, François Gazeau et Jacques Supet fils, qui furent délégués
pour présenter ce cahier à l'assemblée générale de la sénéchaussée. — Chaque paroisse formulait ses plaintes au sujet de
l'administration générale ; le tout devait être fondu en un seul
cahier de doléances pour la sénéchaussée. Nous n'essaierons
pas d'esquisser un tableau de la situation de la paroisse de
Dompierre en 1789 et de l'état d'esprit des habitants ; il
suffira de reproduire *in extenso* le cahier des doléances lui-
même (1).

(1) Archives départementales. C, 267.

Cahier des doléances

« Les habitants de la paroisse de Dompierre invités par un
» effet de la très gracieuse Bonté du Roy à exposer les sujets de
» plaintes, doléances et remontrances qu'ils peuvent avoir et à
» donner leur avis sur la Réformation de l'Etat. Pénétrés de
» reconnaissance pour ce bienfait inappréciable qui leur rend
» l'exercice d'un droit inusité depuis près de deux cents ans,
» s'empressent de répondre à ce témoignage de confiance.

» En conséquence, pour se conformer à ce qui est prescrit par
» les lettres de Sa Majesté du 24 janvier dernier et par le Règle-
» ment y annexé, ainsi que par le 5e article de l'ordonnance de
» Mgr le Grand Sénéchal du 16 du courant (c'est février), ils
» prennent la liberté de représenter respectueusement.

» 1° Que d'après un tarif établi en 1767 par un controlleur des
» vingtièmes dans une vérification vague des domaines de la
» Paroisse, l'évaluation des propriétés a été portée à un prix plus
» fort que ceux des domaines des paroisses limitrophes, quoique
» de la même nature et qualité que celles de Dompierre : ce qui
» fait que les habitants de cette dernière paroisse payent pour la
» plupart une plus forte somme de *vingtièmes* que leurs voisins
» pour des domaines entièrement semblables.

» 2° Que la somme à laquelle est imposée la paroisse *pour la*
» *taille* et les accessoires, est si peu proportionnée dans son excès
» à ce qu'elle devrait être, toujours relativement aux paroisses
» contiguës, que les paroissiens de Dompierre payent par jour-
» nal de toutte terre, cultivée ou inculte, un quart, un tiers, une
» moitié; même plus, de taille que leurs voisins; que cette sur-
» charge individuelle augmente tous les ans parce que plusieurs
» particuliers transportent leur domicile sur les paroisses voi-
» sines où la taille est moins forte, en gardant leurs domaines
» dans celle de Dompierre ; que sur la quantité de journaux de
» toutte terre que contient la paroisse, il y en a un sixième ou
» un septième au moins appartenant à des étrangers qui n'entrent
» pour rien dans la répartition de la taille de la paroisse ; qu'on
» ne sait à quoi attribuer l'excès de la cotte de taille de la

» paroisse de Dompierre ; que deux ou trois de MM. les Inten-
» dants en ont témoigné leur étonnement et ont promis du sou-
» lagement ; mais que cela n'a jamais eu lieu.

» 3° Qu'en conséquence de ce tau de taille imposé sur la paroisse
» de Dompierre sans motif, ni fondement, la part qu'elle paye
» pour la représentation de la *corvée* est également dénuée de
» toutte proportion. Que le Roi, par son dernier Edit au sujet
» des corvées, ayant ordonné qu'on ne pourrait exiger pour la
» corvée plus du sixième du tau de la taille, les habitants se
» trouvent pourtant imposés à une plus forte somme par l'exten-
» tion donnée arbitrairement à la loi du prince ; que non seule-
» ment on a exigé dès la première fois, ce sixième à la rigueur,
» sans chercher à voir si une moindre fraction ne suffirait pas ;
» mais que, fiscalement, on a calculé ce sixième sur la masse de
» la taille y compris les frais de perception ; et qu'ensuite on a
» joint les frais de perception de cette fraction à la fraction
» même, ce qui n'a fait qu'aggraver le sort des contribuables.

» 4° Qu'en admettant qu'il soit plus juste et plus utile de
» payer les travaux des chemins en argent que de les faire faire
» comme cy-devant ; il est contre toute équité d'avoir rejetté
» cette charge sur les seuls taillables, au lieu de l'avoir fait
» supporter indistinctement par tous les propriétaires, avec
» d'autant plus de raison que les plus considérables de ceux-ci
» profitent certainement le plus de ces mêmes chemins pour leurs
» denrées, ainsi que pour les objets nombreux de leurs besoins
» de toute espèce, sans parler de leurs propres voitures.

» Que les habitants de la paroisse de Dompierre sont d'autant
» plus dans le cas d'insister sur cet article que cette nouvelle
» imposition est exactement pour eux égale à un vingtième ; en
» sorte qu'ils payent comme tous les autres, *deux* vingtièmes
» calculés sur un tarif exagéré, *cinq* vingtièmes pour le montant
» de leur taille individuelle, et *un* vingtième pour la corvée.

» 5° Que relativement à *l'adjudication des chemins* ils n'ont
» pu voir sans peine comment a été faitte, tant celle qui concerne
» particulièrement l'étendue dont ils étaient chargés ci-devant,
» que toutes les autres : qu'on avait éloigné touts ceux qui
» voulaient concourir à cette adjudication, même des Maitres

» maçons, et des architectes de la ville, qu'on avait refusé
» d'admettre à la confection du chemin les propres sindics et
» habitants de quelques paroisses voisines de La Rochelle, ce qui
» avait empêché ceux de Dompierre d'offrir de faire leurs
» anciennes tâches ; que lorsque les habitants de la campagne
» étaient chargés de la corvée on les obligeait à casser sur le bord
» des fossés les pierres destinées à couvrir la chaussée, et de les
» réduire à la grosseur d'un pouce carré, ou d'une noix, ainsi que
» le porte expressément l'ordonnance de Monsieur de Reverseaux
» en date du...; mais qu'aujourd'huy l'adjudication les place sur
» cette même chaussée presque comme au sortir de la carrière,
» et que, quand il en casse, il le fait souvent sur la chaussée
» même, ce qui était sévèrement défendu cy-devant ; que les
» fossés qui bordent le chemin ne sont point recalés et ne procu-
» rent par conséquent point d'écoulement aux eaux ; que quand
» l'adjudicataire fait de temps à autre travailler à ces fossés
» comblés par la boue, à peine les excave-t-on de quelques pouces ;
» que les habitants de la paroisse de Dompierre, lors de la
» conversion de la corvée en une prestation en argent, avaient
» plusieurs dizaines de toises de pierres tirées et portées sur le
» chemin ; qu'on s'en est emparé sans leur en donner la moindre
» indemnité, au moyen de quoy ils ont payé les travaux du
» chemin en argent et en nature.

» 6° Que le régime oppresseur des aides ne cesse de multiplier
» les droits, les règlements et les assujettissements sur les vins et
» les eaux-de-vie, denrées qui forment presque tout le revenu de
» la paroisse de Dompierre ; qu'entre la portion considérable du
» produit qui est absorbée par ses exactions, il n'est personne qui
» puisse être assurée de ne pas tomber en contravention, vu les
» règlements bizarres, donnés en cette partie, qu'il en est d'assez
» absurdes pour faire condamner à l'amende un domicilié pour
» des fautes commises par un tiers à plusieurs lieues de là ; que
» le commerce des vins et eaux-de-vie dans l'Aunis est gêné de la
» façon la plus préjudiciable aux intérêts des cultivateurs par
» toutes ces entraves.

» 7° Que les droits excessifs du controlle portent également un
» grand préjudice aux habitants de Dompierre, ainsi qu'à touts

» ceux de la campagne ; que pour s'y soustraire les propriétaires
» s'y refusent très-souvent à passer les actes les plus nécessaires
» à leur tranquilité ; que nombre de partages intéressants se font
» sans qu'il en existe un écrit ; ou s'ils en font passer des actes
» par devant notaires ils cherchent tout ce qui peut les mettre
» dans le cas de payer le moins possible ; d'où naissent des
» procès ruineux entre les héritiers, ou des poursuittes de la part
» des commis du controlle des amendes ; et plusieurs vexations.

   » 8° Qu'une nouvelle place, celle de Juré *Priseur, vendeur de*
» *biens meubles*, est venue, depuis peu, augmenter les charges
» des malheureux habitants des campagnes, que le droit de cet
» officier d'être présent à tous les inventaires, de faire toutes les
» ventes de meubles de la banlieue de sa résidence, et de recevoir
» douze francs par chaque vacation de chacun de ces actes,
» outres les autres droits de minutes six sous par rolle de grosse,
» quatre deniers pour livre et recouvrement ne peut qu'être
» excessivement onéreux, surtout quand on songe aux médiocres
» objets qui forment ordinairement le mobilier des gens de la
» campagne ; que nonobstant ce grand bénéfice, il n'est pas à la
» liberté des parties requérantes de faire procéder à ces sortes
» d'actes dans le temps qui leur est le plus propre et avantageux,
» en égard à la grande quantité d'actes.

   » Quelques-uns des sujets de doléances cy-dessus ont leur
» source dans l'avidité des gens de finances, et les besoins du
» Gouvernement ; mais les plus graves proviennent de l'adminis-
» tration insuffisante de MM. les Intendants. Comment concevoir
» en effet, qu'un seul homme avec les meilleures intentions,
» puisse vaquer à tant de soins qui lui sont confiés ? qu'il puisse
» remédier à tant de désordres ou empêcher qu'ils naissent ?

   » Aussi, les habitants de la paroisse de Dompierre, laissant à
» d'autres plus habiles qu'eux, à présenter les moyens de subve-
» nir aux besoins de l'État, se bornent à exprimer le vœu ardent
» qu'ils font pour que le Roy daigne accorder à l'Aulnis des
» États Provinciaux chargés de s'occuper de la répartition des
» impôts et de tous les objets publics. Alors la nation, étant pour
» quelque chose dans la conduite de ses affaires, les habitants de la
» campagne pourront espérer un meilleur avenir des assemblées

» municipales, suitte de l'établissement des États Provinciaux,
» mettront à portée de connaître les Besoins des paroisses, et d'y
» faire le plus grand Bien possible. Alors on ne dira plus, comme
» l'on fait aujourd'huy, qu'en France les intendants et les subdé-
» légués sont tout ; Et la nation rien.

» A Dompierre, le 1er mars 1789.

» (*Signatures*): Daguin, Monneron, F. Gazeau, Leconte,
      J. Supet, Chaillé, Barbotin, Gazeau,
      Bernier, F. Pelletier, P. Moreau, Bonnau-
      dain, Jean Hillaireau, Jacques Lambert,
      André Bouyer, Etienne Jollivet, Jean
      Chaigne, Jn Gorron, M. Michot, p. André
      Naudin, Carré de Candé. »

Ces remontrances écrites sur les lieux expriment les vœux réels des habitants. Toutes les paroisses avaient sans doute des plaintes à formuler et beaucoup d'entre ces doléances avaient le même objet. On ne retint donc comme particulière à Dompierre que la cinquième remontrance, relative à l'adjudication des chemins et que l'on porta sur le cahier général de la province d'Aunis.

Le nombre des délégués de toutes les paroisses de la sénéchaussée réunis à La Rochelle s'éleva au chiffre de 278, qui furent réduits au quart. Parmi les 70 maintenus, Leconte et Monneron furent les deux représentants de Dompierre chargés de concourir à l'élection des deux députés du tiers-état de la sénéchaussée. On sait que les élus furent Griffon de Romagné, lieutenant général de la sénéchaussée, et Alquier, premier avocat du roi de la sénéchaussée, procureur du roi au bureau des finances et maire de La Rochelle.

Leconte, contrôleur de la monnaie, député de Dompierre, fut : 1º l'un des douze chargés de travailler au cahier général de la sénéchaussée ; 2º l'un des huit chargés de faire des propositions ou des motions au clergé et à la noblesse ; 3º un des six chargés de faire les visites d'usage au sénéchal, et enfin un des trois

chargés de faire les visites au lieutenant général de la sénéchaussée. (Notes manuscrites de de Perry.)

Le curé et le vicaire de Dompierre participèrent aux élections
dans l'ordre du clergé.

Dans l'ordre de la noblesse, les possesseurs de fiefs situés dans
la paroisse qui prirent part au vote, furent : François-Charles
Carré de Candé père ; François-Charles Carré de Candé, Sr de
Margorie ; Jean-François-Catherine Carré de Candé, lieutenant
particulier du présidial ; Ami-Félix Bridault, écuyer et médecin,
seigneur du bailliage de Chagnolet ; Jean-François-Louis Rougier
du Payaut, seigneur de la Tourtilière. Madame Catherine-Julie
de la Maignière, veuve de Louis-César de Séguin, chevalier,
dame de la terre et seigneurie de Chagnolet, vota par M. de
Maubeuge, son procureur. Monseigneur de Crussol d'Uzès,
évêque de La Rochelle, seigneur engagiste de Dompierre et
seigneur de Maubec, le seigneur de la Motte et le seigneur de la
Vallée ne comparurent pas, bien que régulièrement convoqués.
(Vr de la Morinérie, *La Noblesse de Saintonge et d'Aunis aux
Etats-Généraux de 1789.*)

Le clergé nomma pour son député M. Pinelière, curé de
Saint-Martin-de-Ré.

La noblesse choisit le vicomte de Malartie, ancien maire de
La Rochelle.

. .

L'Assemblée nationale avait été vite en besogne et dès la fin
de 1789 tout un nouvel ordre de choses avait été créé. Un décret
du 14 décembre avait établi le nouveau régime municipal. Aussi
le 25 janvier 1790, sur les dix heures du matin, les habitants de
la paroisse, au nombre de 126 votants et citoyens actifs, payant
la valeur locale de trois à dix journées de travail, sur la convo-
cation faite par Jean Fillonneau, curé de la paroisse, au prône
de la messe, se réunirent-ils en l'église dans le but de constituer la municipalité de Dompierre.

Dans cette assemblée, M. le Curé fut proclamé président, et
le sr Monneron secrétaire. Tous deux ayant accepté leur commission, firent le serment de maintenir de tout leur pouvoir la

constitution du royaume, d'être fidèles à la nation, à la loi et au
Roi, de choisir en leur âme et conscience les plus dignes de la
confiance publique et de remplir avec zèle et courage les fonctions civiles et politiques qui pourraient leur être confiées. Puis,
tous les membres de l'assemblée vinrent prêter le même serment
entre les mains du président.

Après cela, on procéda à la nomination de trois scrutateurs :
ce furent Paul de la Maisonneuve de la Motte, Jacques-
Augustin Daguin et Jean Bernier.

Par 112 voix contre 14, M. Leconte fut élu maire ; mais il
s'éleva à l'instant une réclamation de la part des sieurs Fillonneau, de la Motte, Daguin, Louis Bousseau, Louis Leclair,
vicaire, et Jean-Louis Chaillé, syndic. Ceux-ci contestèrent la
légalité du vote parce que M. Leconte n'était pas domicilié de
fait depuis un an dans la paroisse.

En conséquence, le président interrompit l'assemblée jusqu'à
ce qu'il en fût décidé.

Le 8 du mois de mars suivant, dans une nouvelle réunion,
plusieurs habitants déclarent aux sieurs Fillonneau, de la
Motte, Daguin, Bousseau, Leclair et Chaillé, « qu'ayant observé
» à l'assemblée avoir présenté au comité de Constitution à Paris
» un procès-verbal de ce qui s'est passé en celle tenue le
» 25 janvier dernier, où ils prétendent que le sieur Leconte,
» citoyen de cette paroisse, n'est point éligible, ou qu'il n'est
» point domicilié de fait depuis un an en icelle ; que 144 habi-
» tants qui formaient plus que l'assemblée dudit jour, 25 janvier,
» vu les adhérants, auraient fait recevoir par devant notaire
» procès-verbal contraire à celui des ci-dessus nommés en
» donnant des moyens incontestables sur l'éligibilité dudit sieur
» Leconte, que ces deux procès-verbaux ayant été mis au bureau
» de la poste à La Rochelle pour parvenir à l'assemblée natio-
» nale ou au comité de Constitution à Paris, aux fins de faire
» décider la question élevée ; celui où comparaissent les 144
» habitants a peut-être été intercepté au bureau de la poste à
» Paris, ou resté par oubli à celui de La Rochelle, n'en ayant
» même reçu de nouvelles ni directement ni indirectement ;
» qu'au contraire, celui desdits Fillonneau, de la Motte,

» Daguin, Bousseau, Leclair et Chaillé est parvenu directement
» au comité de Constitution, qui a ordonné par décret du
» 7 février dernier, signé Target et Touret, qu'il sera procédé
» à l'élection conformément aux décrets et que c'est à l'assemblée
» de la commune à juger la question élevée sur l'éligibilité du
» Sr Leconte selon la disposition des décrets qui excluent les
» non domiciliés de fait depuis un an.

» Que conformément aux dispositions dudit décret l'élection
» de la personne dudit sieur Leconte pour maire ne devrait
» souffrir aucune difficulté, mais que ce citoyen sage et prudent
» craignant occasionner division dans la paroisse a prié instam-
» ment lesdits habitants de ne point persister dans son élection
» et leur a témoigné toute sa reconnaissance d'avoir bien voulu
» penser à lui, qu'il ferait également son possible pour être utile
» à la paroisse comme il a ci-devant fait, déclarant au surplus
» lesdits habitants réserver les connaissances dudit sieur Leconte
» pour des affaires plus importantes. » (Registre des délibérations) (1).

On vota donc de nouveau et le sieur Monneron fut élu. On
nomma ensuite cinq officiers municipaux dont trois au premier
tour et les deux autres au troisième tour seulement ; ce furent :
François Sorin, Jean Bellefaye, Jean Bernier, François Gazeau
et Jacques Lambert. On choisit de plus Jacques-François Barbotin
comme procureur de la commune. Enfin, on procéda à l'élection
de douze notables, qui furent : MM. Dérosier, Bouyer, Fureau,
Moreau, Raffin, Chauvet, Jousselin, Gaillard ainé, Autrusseau,
Chartier, Ballanger et Bibard.

Le dimanche, 14 mars, on remit le rôle des tailles à Noël
Grignon, l'un des collecteurs, pour faire la recette des deniers.

Le lundi, 15 mars, on nomma secrétaire-greffier François
Pelletier, régent.

La municipalité et le conseil de la commune de Dompierre
étaient enfin constitués, après bien des difficultés.

La résignation de M. Leconte ne satisfit qu'imparfaitement

---

(1) C'est dans ce registre des délibérations que nous allons puiser
presque tous les documents relatifs à cette période si agitée.

les habitants de Dompierre, car une lettre non signée parut dans les *Affiches de La Rochelle*, le 26 mars 1790 :

« Monsieur, j'ai l'honneur de vous annoncer enfin, la formation
» de notre municipalité, que je vous prie de faire insérer dans
» les Affiches de notre ville. Si j'étais obligé d'entrer dans tous
» les détails qui l'ont suspendue jusqu'à ce moment, j'abuserais
» de ceux que vous devez employer à des affaires d'une autre
» importance ; je ne pourrai cependant me taire de vous dire que
» moi et tous ceux qui composent notre municipalité, nous
» sommes sentis pénétrés de la plus grande sensibilité, quand
» nous avons vu le chef de notre église contester la nomination
» d'un honnête citoyen (Mr Leconte), contre le vœu général de
» toute la paroisse, sous prétexte qu'il ne se trouvait pas (défini-
» tivement) dans le cas déterminé par l'article 3 de la forme
» des élections du décret du mois de décembre 1789 ; mais la
» délicatesse de ce citoyen lui a suggéré le refus qu'il a fait au
» général des habitants, de n'accepter aucune place dans la
» Municipalité, d'après les contestations qu'on lui élevait ; les a
» remercié de leur bonne volonté à son égard, en leur promettant
» qu'il ferait également son possible pour être *utile* à la
» paroisse. »

M. le Curé ne voulut pas laisser cette lettre sans réponse. Aussi, dans le numéro du 2 avril des mêmes *Affiches*, parut la protestation suivante :

« Monsieur, comme j'ai été personnellement attaqué dans une
» lettre à vous adressée et insérée dans vos Feuilles n° 13,
» page 51, je dois au public ma justification ; il est intéressant
» pour moi qu'il soit informé de la conduite que j'ai tenue dans nos
» assemblées. On me force de m'expliquer, eh bien, je m'explique.
» Je retrace ici la phrase où je suis inculpé ; la voici : Je ne
» pourrai cependant me taire etc., je pourrais dire ici avec
» raison que tous ceux qui composent notre Municipalité ne se
» *sont point sentis pénétrés de la plus grande sensibilité*
» quand ils ont vu contester la nomination de Mr Leconte, qu'il
» en est au contraire qui ont été pénétrés de sensibilité à la vue
» de cette inculpation publique. Mais pour m'attacher uniquement
» à répondre au reproche que l'on me fait d'avoir contesté la

» nomination d'un honnète citoyen, j'observerai d'abord que tout
» citoyen doit être reçu à examiner si un autre qui entre en
» concurrence avec lui pour une place quelconque, a les condi-
» tions requises pour y prétendre ; ainsi, sur ce principe qui ne
» peut être contesté, quand je n'aurais eu que des doutes sur
» l'éligibilité de Mr Lecoute pour être membre de notre muni-
» cipalité, on n'aurait pas dû trouver mauvais que je les eusse
» proposés, pour ne point exposer notre commune à faire une
» nomination illégale. Non que j'eusse aucune prétention aux
» places de la municipalité de Dompierre, l'on ne peut me refuser
» ce témoignage, que j'ai prié, à l'ouverture de la séance, tous les
» habitants de ne me point donner leurs suffrages, leur déclarant
» que je ne pourrais rien accepter ayant les détails du spirituel
» de ma paroisse qui m'occupaient assez. Mais lors de la convo-
» cation de notre assemblée pour la formation de notre corps
» municipal, j'ai été spécialement chargé par le syndic paroissial
» d'en expliquer le sujet ; devenu en outre, président de
» l'assemblée par la voie du scrutin, j'ai été comme forcé de
» prononcer sur la non-éligibilité de M^r Le Conte. On sait que
» M^r Le Conte était domicilié à La Rochelle, qu'il y a exercé et
» exerçait encore, lors même de notre assemblée, les droits de
» citoyen actif ; or, suivant les décrets de l'assemblée nationale,
» quiconque exerce les droits de citoyen actif dans un endroit,
» ne peut les exercer dans un autre. Les conditions pour être
» d'une administration municipale sont claires et expresses ; il
» manquait à M^r Le Conte celle d'être domicilié de fait depuis un
» an dans le lieu ; et sans entrer dans de plus grands détails à
» ce sujet, M^r Le Conte qui connaissait aussi bien la Loi que
» personne, est convenu en pleine assemblée qu'il était exclu par
» la Loi ; ainsi, quand j'aurais *contesté la nomination de M^r le*
» *Conte,* j'y étais reçu et il n'y a pas à m'en faire un crime.

» Mais j'observerai, en second lieu, que l'auteur de cette lettre
» s'est un peu avancé, en disant que j'avais contesté la nomi-
» nation de M^r le Conte, contre le vœu général. Il paraît qu'il
» veut me charger seul de l'odieux de cette contestation, s'il y
» en a. Cinq autres membres qu'on peut regarder comme gens
» sensés, et qui n'avaient d'autre intention que celle de se

» conformer aux décrets de l'assemblée nationale, ont montré
» dans cette circonstance le plus grand zèle pour en maintenir
» la teneur, (ce n'était donc pas le *vœu* général). L'un d'eux a
» fait le premier la motion, sur l'éligibilité de M. le Conte. Cette
» motion a été fortement appuyée. Pouvais-je, en ma qualité de
» Président, convaincu surtout, comme je l'étais, que Mʳ le Conte
» n'était pas éligible, Pouvais-je dire qu'il l'était ? Peut-on dire
» que j'ai contesté la nomination de M. le Conte, puisque,
» lorsqu'il s'est présenté à l'Assemblée, on m'a entendu lui offrir
» la place de Maire, en cas qu'il y fut nommé à la pluralité
» absolue ? Peut-on dire que j'ai contesté la nomination de M. le
» Conte, lorsqu'on sait que je suis allé chez lui la lui offrir une
» seconde fois ? Peut-on dire que j'ai contesté la nomination de
» Mʳ le Conte, puisqu'au développement du scrutin où M. le Conte
» s'est trouvé réunir 112 voix contre 15 (autre preuve que ce
» n'était pas le vœu général,) on m'a vu tout disposé à donner
» mon assentiment à son élection, si on n'avait pas réclamé
» contre. Les débats ont été longs et tumultueux ; et si l'on veut
» se le rappeler, je n'en ai presque été que le triste témoin. Rien
» n'a pu être décidé à cette première séance ; on a demandé que
» l'assemblée fut suspendue ; elle l'a été en effet. La discussion
» a été portée à l'assemblée nationale. Chaque partie en a dressé,
» de son côté, procès-verbal, j'ai été chargé de rédiger celui des
» réclamans, dont je n'ai pu me dispenser de faire partie ; je n'ai
» pas manqué d'y insérer les belles qualités que je connais et
» que tout le monde connait en M. le Conte. Je peux le dire, ce
» procès-verbal était autant en faveur des habitans qui le deman-
» daient pour Maire, qu'en faveur de ceux qui demandaient
» l'exécution des décrets. Mais sans avoir égard au mérite
» personnel de Mʳ le Conte et au vœu presque général des habi-
» tans, le comité de constitution a répondu, *qu'il fallait procéder*
» *à l'élection, conformément aux décrets, et que c'était à*
» *l'assemblée de la Commune à juger la question élevée sur*
» *l'éligibilité du sieur le Conte, suivant la disposition des*
» *décrets qui excluent les non domiciliés de fait depuis un an.*
» D'après cela, on n'a pas douté que M. le Conte ne pouvait être
» de l'administration municipale. On s'est décidé alors à former

» la municipalité. Personne, je pense, n'a à se plaindre des
» membres qui la composent, et il est à croire que les affaires de
» la commune seront administrées avec sagesse et équité. J'ai
» regretté, plus que personne, que M. le Conte n'eût pas les condi-
» tions requises pour être de l'administration. J'ai toujours
» rendu, et ne cesserai de rendre justice à son zèle, à ses lumières
» et à ses talents; c'est un homme de bien, capable des plus grands
» emplois, mais dans cette circonstance sa nomination eût été
» illégale et infailliblement contestée. Voilà, Monsieur, dans
» le vrai et en précis, l'affaire dans laquelle on m'inculpe
» personnellement. Je dois au Public ces détails, pour les mettre
» à portée de juger si j'ai tous les torts qu'on cherche à me
» donner.

» Je vous prie, Monsieur, d'insérer le plutôt possible, ma lettre
» dans votre journal, ma justification demande qu'elle ait la plus
» grande publicité.

» J'ai l'honneur d'être etc...

» Fillonneau *curé de Dompierre.*

D'après cette lettre, M. Fillonneau avait été obligé, en qualité
de président, de s'opposer à la nomination de M. Leconte,
malgré la sympathie qu'il éprouvait pour cette élection. Ce n'est
donc pas à lui qu'il faut attribuer le retard de la pièce indiquée
dans le procès-verbal du 12 avril et réclamée par M. Monneron.

Comme M. Fillonneau ne répondit pas à cette réclamation, il
lui fut envoyé, le 14 avril, une nouvelle lettre le priant de faire
remettre à la municipalité l'ordre émané du comité de constitution, en vertu duquel il avait été fait une assemblée de la
paroisse, le 8 du mois précédent, dans laquelle les officiers
actuels avaient été élus. « L'original de cette pièce, ajoutait-on,
» doit être joint aux autres pièces, qui commencent le dépôt des
» archives paroissiales. Il lui est promis une décharge telle qu'il
» peut la souhaiter. »

Les membres de la municipalité n'ayant reçu de M. Fillonneau que cette réponse verbale: « qu'il ignorait où était cette
pièce », résolurent de la demander au syndic, M. Chaillé, qui
répondit ne l'avoir pas en sa possession.

Un mois après, arriva la réponse du comité de constitution à la demande de la paroisse, accompagnée du procès-verbal qu'elle lui avait adressé. Le procès-verbal avait été fait par un notaire du voisinage. Le comité de constitution envoyait la décision suivante : « Suivant un décret du 20 mars, la condition du » domicile de fait est censée remplie lorsqu'on a depuis un an » une habitation dans le lieu et qu'on déclare ne point entendre » exercer ailleurs les fonctions de citoyen actif. Avec cette » déclaration, Mr le Conte est bien élu et les habitants peuvent » continuer leurs élections. »

Les membres de la municipalité voyant une telle contradiction entre les deux réponses, s'adressèrent, le 17 octobre suivant, au comité du district de La Rochelle, afin de faire rendre par M. Fillonneau la première décision et le procès-verbal qu'il prétendait appartenir à ceux qui l'avaient dressé.

Le comité ne trouva pas sans doute le curé en défaut, puisqu'il ne poursuivit pas l'affaire, qui en demeura là.

.·.

La première plainte portée sur le cahier des doléances établissait que la commune de Dompierre était imposée beaucoup plus que les communes voisines.

Dans la répartition de la taille pour 1790, la municipalité fut autorisée à rétablir l'égalité.

Les habitants des autres communes possédant des terres sur le territoire de Dompierre furent invités à venir en faire la déclaration, afin que tous les biens fussent imposés plus justement.

Les habitants de Bourgneuf, très favorisés par le premier état de choses, refusèrent seuls d'obéir à cette injonction. C'est seulement après avoir été menacés de n'être pas consultés et d'être imposés selon l'interprétation des habitants de Dompierre, qu'ils finirent par se soumettre.

Le 11 avril 1790, la municipalité voulant donc mettre la plus grande proportion possible dans l'assiette de la taille dont la paroisse était chargée en cette même année, ordonna à toutes les personnes qui possédaient des domaines dans l'étendue de Dompierre, qu'elles y fussent domiciliées ou non, de venir faire la déclaration de ces biens devant les officiers municipaux, avant la fin du même mois.

« La déclaration doit spécifier tous les domaines quelconques ainsi que les maisons qu'on habite comme propriétaires ou qu'on donne à loyer.

» On devra distinguer aussi en quel fief ou canton de la paroisse sont les objets déclarés, non en bloc, mais séparément pour chaque ténement, et même donner une confrontation lorsqu'il y en aura une remarquable.

» Il faudra spécifier ce qui est champ, pré, bois, jardin, friche etc.

» Pour avoir une base générale les déclarants porteront toutes les terres à raison du quartier au grand bailliage, c'est-à-dire de six mille. Ceux des propriétaires qui ont donné à ferme leur bien ou revenu, le déclareront, ainsi que le prix du bail et le nom du fermier, soit que la totalité des objets affermés dépende de la paroisse, soit qu'il n'y en ait qu'une partie dans l'étendue qu'elle renferme.

» De même, les particuliers qui ont pris à ferme des biens dont il n'y a qu'une partie dans la paroisse, ne déclareront que cette partie, et la portion du prix de leur bail qu'ils croient correspondre à cette partie, les particuliers domiciliés dans la paroisse seront tenus en outre déclarer les rentes dont ils jouissent et leurs facultés industrielles pour y avoir tel égard que de raison dans l'imposition du chef de leur cote. »

Voici quelle fut la répartition de l'imposition de la taille, ordonnée par la Municipalité, le 23 mai suivant :

1° Chaque farinier sera taxé à une somme de 40 livres à raison de la tonnelle de son moulin.

2° Le quartier de terre, pré, vigne, bois, etc., sera taxé à raison de 6.000 ceps à planter au grand bailliage, suivant la répartition.

3° Ceux qui possèdent des domaines à titre de ferme seront taxés pour ces mêmes domaines et non en raison du prix de leur dite ferme, si ce n'est ceux qui seront fermiers de certains devoirs de fruits, cens et rentes qui seront taxés à raison de leurs prix de ferme à 4 sous par livre.

4° Ceux des domiciliés qui possèdent des rentes seront taxés à raison de 5 0/0.

5° Ceux pour fait de commerce ou état, à raison de 2 0/0.

6° Ceux qui retirent des loyers de maisons seront taxés à raison de 3 0/0 à cause des réparations.

7° Ceux qui retirent des prix en argent ou autrement des terres qu'ils afferment seront taxés à raison d'un sol par livre ; de toutes lesquelles sommes à imposer il n'en sera porté, quant à présent, que les 3/5.

On décida dans cette même réunion que le maire, le trésorier et le procureur de la commune se transporteraient à La Rochelle « aux fins de faire faire les écharpes dont ils doivent être décorés, ainsi que les officiers municipaux, comme étant une marque distinctive de leurs fonctions et dont les couleurs ont été désignées par l'assemblée nationale. »

On venait d'établir la compagnie des volontaires de la paroisse (garde nationale). Le 15 mars précédent, on avait dressé un tableau sur lequel devaient être inscrits les noms de tous ceux qui désiraient entrer dans le corps de volontaires nationaux pour maintenir le bon ordre et la sûreté publique, tant dans le bourg que dans les villages qui en dépendaient. Pour procurer les armes nécessaires, le maire devait se rendre auprès de M. le duc de Maillé.

Un certain nombre de jeunes gens s'enrôlèrent assez promptement : aussi voulut-on faire une grande manifestation à l'occasion de la bénédiction du drapeau destiné à la compagnie.

On choisit le 30 mai, fête de la Trinité. La compagnie sous les armes, commandée par les sieurs Daguin, commandant ; Bousseau du Chatelier, capitaine ; J.-B. Monneron fils, lieutenant, à laquelle s'était jointe celle des volontaires de Sainte-Soulle, commandée par le sieur Vitalin, assista à la bénédiction qui fut faite par M. Fillonneau, curé, à la messe paroissiale.

Donné par l'épouse du sieur Lessenne, ce drapeau était porté par le sieur Bernier, officier nommé à cet effet, et fut tenu par M. le Maire, lors de sa bénédiction. Tous les officiers et notables de la municipalité assistaient aussi à la cérémonie.

Le 24 juin, les officiers municipaux de la ville de La Rochelle adressent à M. le Commandant de la garde nationale de Dompierre une lettre par laquelle ils l'invitent à leur envoyer le lundi suivant, 28, des délégués qui devront se conformer à la proclamation du Roi sur les décrets de l'assemblée nationale des 8 et 9 du même mois, relatifs à la fédération générale des gardes nationales et des troupes du royaume.

Les 254 habitants de Dompierre auxquels se sont joints les 29 de Sainte-Soulle nomment à cet effet les sieurs Daguin, Bousseau, Monneron fils, Bernier fils, Bouyer, Louis Briaud, Jard, Ballanger, Chauvet, Gazeau, Parpais, Grignon, Giraud, Raffin, Jacques Briaud et Nourrigeon.

Cependant la garde nationale de Dompierre n'était pas encore organisée. Aussi, le 15 août, on procéda à la nomination des dignitaires. Furent nommés : le sieur Daguin, commandant ; Bousseau, receveur des aides, 1er capitaine ; Lessenne, 2e capitaine ; Monneron fils, lieutenant ; Bernier fils, porte-drapeau ; Pierre Grignon, sous-lieutenant ; Chauvet, sergent-major ; Gazeau, 1er sergent ; Ballanger, 2e sergent ; Bouyer, 3e sergent ; Giraud, 4e sergent ; Briaud, 1er caporal ; Pelletier, 2e caporal ; Coudreau, 3e caporal ; Narquet, 4e caporal.

Le lendemain 16 août, il surgit entre la municipalité et les chefs de la garde nationale une grave discussion dans laquelle le commandant se laissa emporter jusqu'aux injures grossières.

A cette séance, on voulut bien consentir, tout en faisant observer que le drapeau serait plus en sûreté à la chambre, au dépôt de ce drapeau dans la maison du commandant, bien que cette maison fût seule et un peu éloignée de la grande route (1).

La municipalité refusa de contribuer des deniers de la commune à la dépense relative au paiement des leçons et instructions données pour le maniement des armes à la garde nationale par

(1) Le sieur Daguin demeurait à la Vallée.

le nommé Carpentras, fourrier du régiment de la Sarre ; laquelle dépense se montait à 60 livres pour onze leçons. Elle s'y refusait d'autant mieux que le maire et le procureur de la commune avaient prié plusieurs fois le sieur Daguin de s'entendre pour le prix dès la première leçon.

La municipalité déclara en outre que 36 livres étaient plus que suffisantes pour les onze leçons. Alors deux officiers municipaux proposèrent de donner quelque chose de leur bourse, les officiers de la garde ayant déjà offert chacun 3 livres ; mais quelques municipaux ayant refusé de coopérer à cette dépense, le sieur Daguin s'emporta, fit entrer dans la chambre commune la garde nationale armée, et lui, l'épée nue à la main, la fureur dans les yeux : « Mes enfants, dit-il, suivez-moi, emportons » notre drapeau chez moi, et vous, Mr Monneron fils, lieutenant, » je vous ordonne de prendre votre place à l'instant et de nous » suivre. » A quoi, ledit Monneron fils se serait refusé formellement, voyant la manière violente d'agir dudit sieur Daguin ; au même instant ledit sieur Daguin ordonna au tambour de battre un ban dans la cour où il s'était retiré ; le sieur Monneron fils ne s'étant point rendu, il le cassa de sa lieutenance, quoique presque toute la garde nationale y refusât son consentement. »

Trois jours après, la municipalité écrivit à MM. les administrateurs du Directoire du district de La Rochelle pour les informer de ce qui s'était passé dans la séance du 22.

« Nous ajouterons à ce récit, disait-elle, que la Garde natle » traversant le bourg à la suite de cet éclat ne s'est point com- » portée avec la bienséance dont la présence de son drapeau » qu'elle emportait lui imposait l'obligation ; que plusieurs » soldats faisaient retentir l'air de leurs cris, qu'ils sautaient en » agitant leurs fusils, que leur mouvement tumultueux et leurs » propos ont forcé quelques habitants du bourg qui étaient sur » leur passage avec leur famille, à rentrer et à fermer les » portes ; que la municipalité n'a pas été épargnée...

» Nous disons que cette marche s'est continuée sur le grand » chemin avec la même licence ; que les voyageurs ont vu avec » surprise une troupe armée conduisant un drapeau, sauter, » danser, courir çà et là, ou bien, arrêtée sans ordre, qu'au lieu

» de se rendre en droiture chez le commandant, cet officier a
» conduit sa troupe au moulin de Chagnolet à l'effet d'y arrêter
» et de conduire en prison le nommé Jarry farinier. Cet homme
» qui n'est point garde national avait refusé quelques jours
» avant, d'obéir à l'ordre de faire la patrouille et avait tenu
» quelques discours déplacés. Sur la plainte rendue à cet égard
» par M. Daguin, la municipalité l'avait condamné à une amende
» de trois livres et l'on en arrêtait la délibération lors de l'enlè-
» vement du drapeau. Jarry ne s'étant pas trouvé chez lui, sa
» femme a été insultée par un des officiers... En même temps,
» vingt fusiliers environ se sont rendus à Chagnolet chez le
» nommé Rousset, malade au lit, avec ordre également de le
» trainer en prison, il était dans le même cas que Jarry, son
» état a empêché qu'on ne commit cette violence.
» C'est après ces actes d'autorité que la troupe reprenant le
» drapeau laissé pendant ce temps là appuyé à une des ailes du
» moulin s'est enfin mise en route et s'est rendue à la maison de
» M\u02b3 Daguin... »

Messieurs du district de La Rochelle firent sans doute une
enquête, car le sieur Daguin écrivit dans le but de se justifier et
la municipalité répondit à deux fois différentes. Qu'en est-il
résulté? Nous l'ignorons. Mais quelques semaines après, la
municipalité en appelle à M. Daguin et à sa garde nationale pour
éloigner les malfaiteurs qui se multipliaient. On était donc
redevenu d'accord.

CHAPITRE X

Déclaration des biens ecclésiastiques. — Pépinière de Beaulieu. — M. Leconte, juge de paix. — Constitution civile du clergé : Fillonneau, curé, refuse le serment. — Vente des biens nobles et ecclésiastiques. — Délibérations diverses.

Un arrêté du 3 mai 1790 avait prescrit aux habitants de la paroisse de Dompierre de faire au greffe de cette municipalité leurs déclarations pour la contribution patriotique à laquelle ils se trouvaient obligés conformément aux lettres patentes du roi et au décret de l'Assemblée nationale du 26 décembre 1789, ou de rapporter les certificats en bonne forme qui justifiaient que lesdites déclarations avaient été faites à une autre municipalité. Le même arrêté annonçait que ceux qui ne s'y conformeraient pas seraient taxés d'office. D'ailleurs toutes les classes de citoyens rivalisaient alors de zèle patriotique, et dans les circonstances difficiles où se trouvait la France, les dons volontaires affluaient de toutes parts.

Aussi la fête de la Fédération fut-elle célébrée à Dompierre comme dans le reste du pays. Le 14 juillet 1790, les officiers municipaux, décorés de leurs écharpes, se plaçant au milieu des rangs formés par la troupe nationale sous les armes, à l'heure précise de midi, prêtèrent le serment fédératif. Puis, accompagnés de tous les citoyens, ils se rendirent à l'église paroissiale où fut chanté un *Te Deum* (1).

Le 13 octobre 1790, la Municipalité de Dompierre se plaint de

(1) La même cérémonie eut lieu l'année suivante, à la même date et dans les mêmes circonstances.

n'avoir reçu qu'une déclaration en règle pour la possession des biens ecclésiastiques, celle de M. le Prieur de l'abbaye des Bernardins de Saint-Léonard, dont la maison n'est pas de la paroisse. Cette déclaration, avec un supplément envoyé postérieurement, porte que ladite abbaye jouit dans la paroisse de Dompierre: « 1º du huitain et dizain des fruits sur 33 quartiers, » champs, vignes et prés, avec un cens de 5 sous par chacun de » ces quartiers ; 2º de 37 f. 15 sous de rentes sur des domaines » dans la paroisse ; 3º d'une rente de 321 fr. dûe annuellement » par le Roi pour l'aliénation emphytéotique d'une grande partie » du terrain qui forme la pépinière de Beaulieu en la paroisse de » Dompierre ; 4º enfin de treize sommes de vendanges à per- » cevoir annuellement sur un fief dans la paroisse. Ce dernier » article a été évalué à 39 f. par an ; les huitains et les dizains » avec les 5 sous de cens 173 f. 5 sous. Enfin les rentes réunies, » 358 fr. 15 sous. En sorte que la partie du revenu dont jouit » l'abbaye en Dompierre peut être portée à 571 fr. non compris » les lods et ventes. »

Messieurs du Chapitre de La Rochelle n'ont fait aucune déclaration. Outre leur droit de centain affermé 400 francs, ils jouissent du prieuré du Petit-Maillezais, situé dans la paroisse, consistant en terrages, lods et ventes, cens, etc...; il est affermé 485 francs.

Les Religieux de la Charité sont dans le même cas, ils sont propriétaires de terrages, etc., sur des fiefs nommés Maquin, le Grand et le Petit-Givraud, situés dans la paroisse ; cet objet est affermé 400 francs.

« M. le Curé de la paroisse, est-il dit dans le procès-verbal, a fait sa déclaration apparemment à La Rochelle, il n'en a donné ici qu'une relative à l'imposition représentative de celle de la taille. Les fondations n'y sont point exprimées. »

.·.

Sur l'ordre des administrateurs du district de La Rochelle, les officiers municipaux de Dompierre font une enquête au sujet de la pépinière de Beaulieu, de laquelle les Religieux de Saint-

Léonard retiraient 321 francs de rente. Cet établissement allait toujours en dépérissant et dans peu, « si l'ancien régime n'eût changé, il n'eût été connu que par la dépense qu'il occasionnerait à la province. » On ne peut, ajoutent-ils, qu'être indigné en voyant l'insouciance de l'administration sur cette pépinière et la coupable négligence de celui qui, payé pour en surveiller les travaux, voyait d'un œil tranquille cet état de délabrement. »

Le sieur Marie-Étienne Ferte (?), dit l'érable, en était le jardinier. Il en avait pris la culture et l'entretien pour son propre compte depuis 7 ou 8 mois seulement. Ses émoluments se montaient à 600 livres par an. Il avait délivré, l'année précédente, avec ordonnance, à M. Driolle 600 pieds d'arbres « fresne ». A M. Antoine, sans ordonnance, comme membre de l'intendance, « il y a environ 5 ans », 300 pieds, et à M. Duchesne des tilleuls à plusieurs fois, dont il ne se rappelait plus la quantité.

Le terrain occupé par la pépinière de Beaulieu représentait 8 à 9 quartiers, mesure du grand bailliage ; il y en avait 1 quartier en garenne, 3 quartiers en plantations d'arbres, et le surplus en terres incultes et prés produisant du foin. Onze ans auparavant, on pouvait délivrer 6.000 pieds d'arbres par an.

De plus, le jardinier retirait un sol par chaque pied d'arbre, et outre « le buchage des palisses » qui entourent la pépinière et de celles qui forment quelques allées, il retirait le huitain sur environ 8 quartiers de terre et vignes, et la récolte de foin, le tout lui revenait à environ 200 livres, y compris une petite somme qu'il faisait payer à chaque particulier qui allait laver au grand fossé de la pépinière.

Avec de tels profits « cet homme était mis à même de faire valoir cette pépinière, laquelle coûtait 15 à 1800 livres à la Généralité par an, et peut-être depuis dix ans, n'a-t-elle pas fourni pour les chemins un arbre qui ne soit revenu à 4 ou 5 livres. »

Plus tard, en l'an IX, le sieur Leconte, maire de Dompierre, demandera la suppression de cet établissement, créé par Gaillard, intendant de La Rochelle, à cause de son peu d'utilité pour les intérêts du département.

Le 26 décembre 1790, à 2 h. 1/2 de l'après-midi, par devant la municipalité de Dompierre, comparut le sieur Jean-Baptiste

Leconte, juge de paix du canton de La Rochelle hors les murs,
élu par la voix du scrutin par les citoyens actifs et éligibles des
paroisses d'Angoulins, Aytré, Périgny, Notre-Dame-de-Cogne-
Hors-les-Murs, Dompierre, Saint-Xandre, Esnandes, Marsilly,
Nieul, Lhoumeau, Laleu, Saint-Maurice et Lagord, qui compo-
saient ledit canton. Avant d'entrer en fonctions, il prêta serment,
après quoi la commune, au nom du peuple, prononça pour lui
« l'engagement de porter à son tribunal et à ses jugements le
respect et l'obéissance que tout citoyen doit à la loi et à ses
organes. »

C'est ici le moment, il nous semble, de dire un mot de cet
homme, qui fut conseiller de l'Isle-Royale et vint habiter La
Rochelle, puis Dompierre, paroisse de ses ancêtres.

De Dompierre on fournit son signalement, pièce nécessaire,
pour être envoyée au ministère de la marine : Né le 11 août 1730,
taille d'un mètre sept cent quatre-vingt-huit millimètres,
cheveux gris, sourcils châtains, front découvert, yeux gris,
bouche moyenne, menton rond, visage « élongé ». Il était marié
à Marie-Madeleine-Jeanne-Geneviève Castaing, née le 3 mai 1743,
taille d'un mètre six cent vingt-cinq millimètres.

C'était un homme fort instruit et s'il eût été dans les conditions
de domicile prescrites par la loi, aucune protestation ne se fût
élevée pour lui interdire une première fois la fonction de maire,
qu'il occupa du reste plus tard pendant quelques mois seulement,
en l'an IX de la République, avec une grande énergie et une
grande indépendance de caractère, comme ses lettres au représentant du Gouvernement à La Rochelle le prouvent et dont
nous donnerons quelques extraits.

M. Leconte avait l'estime générale ; on l'écoutait avec respect
dans la population, et il a fallu que les jours devinssent bien
mauvais et que les caractères se fussent bien avilis pour destituer
un tel magistrat.

.·.

Un acte de l'Assemblée nationale, assez bénin en apparence,
devait produire des événements bien gros de conséquences:
nous voulons parler de la constitution civile du clergé. Nous

n'avons ici qu'à transcrire les procès-verbaux des registres de la commune ; à eux seuls, ils nous feront connaitre l'histoire exacte des faits qui se passèrent alors dans la paroisse de Dompierre.

« Aujourd'hui 30e jour du mois de janvier 1791, sur et environ l'heure de midi issue de grand'messe paroissiale de Dompierre, étant dans le sanctuaire de l'église dudit lieu, le procureur de la commune de ladite paroisse de Dompierre dit qu'en conformité des lois et décrets de l'assemblée nationale en date du 26 décembre et 27 novembre derniers, sanctionnés par le roi et dont lecture a été donnée dimanche dernier 23 de ce mois par le sieur Le Clère, vicaire de ladite paroisse, au prône de la messe, en présence du sieur curé la célébrant, il est enjoint à tous évêques, curés, vicaires et autres ecclésiastiques fonctionnaires publics de prêter le serment auquel ils sont assujettis par l'article xxxix du décret du 13 juillet dernier et réglé par les articles xxi et xxxviii de celui du 12 du même mois concernant la constitution civile du Clergé. En conséquence, ils jureront en vertu de ce dernier décret de veiller avec soin sur les fidèles du diocèse ou de la paroisse qui leur est confié, d'être fidèles à la nation etc., et ce, dans la huitaine de la publication des loi et décret ci-dessus datés et qu'à cet effet, les curés et vicaires actuellement dans leur cure prêteraient le serment un jour de dimanche à l'issue de la messe dans l'église de leur paroisse et tous en présence du Conseil de la Commune et des fidèles et feraient par écrit au moins du jour d'avance leur déclaration au greffe de la municipalité de leurs intentions de prêter le serment et se concerteraient avec le Maire pour arrêter le jour. Aucune desquelles formalités n'aurait été observée par les sieurs Jean Fillonneau prêtre et curé de cette dite paroisse et Le Clère son vicaire.

» Quoi qu'il en fût, nous dit procureur de la Commune, les Maire et officiers Municipaux et notables assemblés au Conseil Général, nous nous sommes transportés en l'église de cette dite paroisse décorés d'écharpes, marque distinctive de nos fonctions, pour entendre la Messe et à l'issue d'icelle y recevoir le serment civique desdits sieurs Fillonneau curé et le Clère son vicaire au cas qu'ils le voulussent faire ; et ayant attendu un quart d'heure après la Messe finie sans que lesdits sieurs curé et vicaire se soient présentés devant le Conseil Général de la Commune, ce qui est bien une preuve évidente de leur refus à prêter ledit serment : Nous dit procureur de la Commune ; les Maire, Officiers municipaux et notables nous nous sommes retirés du sanctuaire de l'église où nous étions, et nous sommes transportés au presbytère dudit sieur Curé, et là étant, en parlant à sa personne ledit procureur de la Commune en présence du Conseil Général lui a dit et déclaré que la Commune lui ordonnait de continuer ses fonctions.

» De tout quoi, nous procureur de la Com^{ne} susdite avons dressé le présent procès-verbal duquel il sera envoyé copie dans la huitaine à M. le Procureur sindic du district de La Rochelle pour valoir et servir ce qu'il appartiendra. »

M. Fillonneau n'était pas le seul curé qui eût refusé de prêter ce serment ; bien d'autres, voyant le piège dans lequel on voulait les faire tomber, refusèrent de même. Il s'agissait donc de remplacer ces prêtres réfractaires par de nouveaux titulaires. Les évêques de la France entière prononcèrent le *non possumus*, à l'exception de quatre. On fit des élections. Pour Dompierre et autres paroisses environnantes on y procéda dans une assemblée réunie le 31 mars dans l'église Saint-Sauveur de La Rochelle, église choisie parce que le curé de cette seule paroisse de la ville avait prêté le serment.

Le sieur Gastumeau, ancien curé de Dompierre, chanoine de La Rochelle, fut choisi pour retourner dans son ancienne paroisse. Mais il refusa. Peut-être comprit-il le mauvais accueil qu'on lui ferait, car s'il y avait des amis, il y comptait aussi bien des adversaires. Aucun acte n'est signé de lui. M. Fillonneau signa jusqu'au 7 mai 1791 et l'acte suivant, à la date du 21 mai, porte la signature du curé intrus Jean Douix.

Ce dernier, ancien carme de La Rochelle, fut installé curé de Dompierre le 8 mai, comme en témoigne le procès-verbal suivant :

« Aujourd'hui Dimanche 8 mai 1791, sur environ les 9 h. 1/2 du matin, nous, maire, officiers municipaux et notables de cette Commune de Dompierre, ensemble le Procureur de la Com^{ne} a dit que le sieur Douix a été nommé à la place de desservant de cette paroisse pour remplir les fonctions curiales suivant les pouvoirs à lui donnés par Mr l'Evèque du Département de la Ch^{te}-Inf^{re} en date du 4 de ce mois, signé Robinet, Chasseriau premier vicaire, Gastumeau vicaire, Houdin vicaire et plus bas, par Monsieur l'Evèque, Arnaud secrétaire ; s'est présenté devant la municipalité de cette dite Com^{ne} pour être reçu et installé à ladite place de desservant de cette dite paroisse pour remplir les fonctions curiales, jusqu'à la nomination d'un curé qui doit avoir lieu à la prochaine assemblée électorale. En conséquence, ledit procureur de la Com^{ne} requiert que ledit Sr Douix soit reçu et installé à ladite place de desservant de cette dite Paroisse pour remplir les fonctions curiales. Sur quoi, nous, maire, officiers municipaux et notables de cette C^{ne} de Domp^{re} après nous être fait présenter les pouvoirs dudit sieur Douix en bonne forme et qu'il a eu d'abondant fait devant nous le serment décrété par la Constitution civile du clergé en jurant la main levée : « Je jure de veiller avec soin aux fidèles dont la direction m'est confiée, je jure d'être fidèle à la nation, à la loi et au Roi. Je jure de maintenir de tout mon pouvoir la Constitution française et notamment les décrets relatifs à la constitution civile du clergé. »

» Nous avons reçu et installé le dit Sr Douix à la place de desservant de cette dite Paroisse pour remplir les fonctions curiales jusqu'à la nomination d'un curé qui doit avoir lieu à la prochaine assemblée électorale, et a ledit sieur Douix signé avec nous sauf ceux qui ont déclaré ne le savoir.

» Et de suite la Grand'Messe a été dite et célébrée par ledit Sr Douix à la manière accoutumée en présence de la municipalité. »

Le sieur Douix fut le premier et le dernier prêtre intrus de Dompierre. Il y demeura environ deux ans et demi. Le dernier acte signé de lui sur les registres paroissiaux porte la date du 5 janvier 1793 ; il signe désormais sur les registres civils comme curé de Dompierre jusqu'au 5 mars, puis comme officier public jusqu'au 17 mai. A cette date il fut révoqué de ses fonctions de secrétaire et remplacé par François Pelletier, maître d'école.

Jean-Pierre Douix était âgé de trente-deux ans. L'État lui

donnait 1.800 francs comme desservant et 350 francs comme ci-devant carme (1).

Il pouvait donc se passer d'un supplément consistant en vin « ramassé » pour en faire un don au curé. La municipalité décida, le 24 janvier 1793, que ce vin serait employé aux dépenses qu'exigeait la plantation de l'arbre de la liberté (2), le curé, « la priant, la sollicitant même de prendre ce parti, alléguant qu'il n'avait jamais prétendu avoir aucun droit à la sueur des cultivateurs, tout en étant néanmoins très-reconnaissant de leur libéralité qui ne devait avoir aucun effet envers celui qui était très-satisfait du traitement que la nation lui adjugeait. »

On procéda ensuite à l'adjudication de plusieurs pièces de terre appartenant ci-devant à la cure de Dompierre : un petit morceau de la levée « ensemencée en garobe » ; le dixain des fruits en 3 casserons de terre « ensemencée en avoine et sainfoin » (Louis Gratecap obtint ces objets, moyennant la somme de 27 livres.) ; un morceau de terre « emblavée en froment » (adjugé à François Pelletier pour le prix de 97 livres 19 sols.); le huitain d'une vigne (adjugé au Sr Chartier, moyennant la somme de 19 livres.)

.
..

Le 25 mars 1791, on lisait, dans les *Affiches de La Rochelle*, l'avis que le dimanche 3 avril, au lieu de St-Léonard, paroisse de Cognehors, il serait procédé en présence de MM. les Off. municipaux de la Comne de Dompierre, délégués à cet effet par le Directoire du district de La Rochelle pour le représenter, et encore en présence de la municipalité de Cognehors, à la vente

(1) Les carmes de La Rochelle n'attendirent point qu'on les renvoyât ; ils fermèrent d'eux-mêmes leur église au mois de mars 1791 et quittèrent leur maison.
M. Fillonneau recevait seulement 500 francs comme prêtre réfractaire.
(2) Cet arbre, planté en janvier 1793, devant le portail du presbytère, avait été choisi parmi les gros arbres de Grolleau. Il ne put prendre racine, naturellement, et tomba, renversé par une tempête, sur un homme qu'il tua. Il fut vendu à René Jousselin moyennant 13 francs, le 11 août 1799. Pour montrer leur autorité et leur amour de la liberté, les révolutionnaires allèrent quérir de force Mlle Fillonneau, sœur de l'ancien curé, afin de lui faire danser *la Carmagnole*.

au plus offrant et dernier enchérisseur, des meubles et effets étant dans la maison appartenant ci-devant aux Religieux de l'abbaye de St-Léonard-des-Chaumes.

Les bâtiments et différents biens de l'abbaye furent aliénés à la même époque.

Les droits de huitain et de dizain des fruits, cens, rentes, lods et ventes dépendant du prieuré du Petit-Maillezais, paroisse de Dompierre, possédés ci-devant par le Chapitre de La Rochelle, valant d'après le bail 8820 liv., furent adjugés, le 8 avril 1791, moyennant 11700 liv.

Le ci-devant château de Dompierre (1), la seigneurie de Boissan incorporée à celle de Dompierre et ses dépendances, consistant en bois, prés, vignes, le bois de la Gorce, la maison du même nom, le moulin de Périoux, le four banal et la halle au village des Rivières, furent repris par le Domaine, le 1er février 1793, en vertu de la loi du 3 septembre 1792 et par suite de l'émigration des héritiers de Mgr de Crussol d'Uzès, et du décès de François Henry Harouard de Saint-Sornin qui avait acquis le 23 janvier 1792. Ces biens furent vendus aux sieurs Popelineau et Chrétien, le 27 brumaire an II, moyennant 63400 fr. en assignats, qui, à raison de 33 %, donnaient un numéraire de 20493 fr. (Archives de la direction des Domaines de La Rochelle.)

Le 13 novembre 1791, à l'issue de la messe paroissiale, on élut de nouveau comme maire de Dompierre M. Monneron, dont les pouvoirs étaient expirés.

Le 24 novembre, sur la proposition du procureur de la commune, le conseil fait défense aux cabaretiers et aubergistes de cette paroisse de ne plus, à l'avenir, donner à boire et à manger, ni à jouer, les jours de fêtes et dimanches, pendant le service divin, sous peine de 50 livres d'amende.

Le 1er janvier 1792, à 2 h. 1/2, le conseil général de la commune assemblé, avec plusieurs autres citoyens aussi présents

(1) On annonça, le 23 août 1793, qu'on affermerait pour trois ans le four ci-devant banal de Dompierre avec ses dépendances et la halle.

d'après l'invitation qui en avait été faite le 26 décembre précédent, afin de concourir à l'adjudication au rabais pour la place de receveur des contributions de cette commune, M. le Maire dit qu'en vertu de la loi concernant la contribution mobilière, montant à la somme de 4025 l. 5 sols, il était alloué au receveur 3 deniers par livre, mais que pour la contribution foncière, montant à 17000 liv., la loi prescrivait que la recette de cette contribution fût mise au rabais. En conséquence, le sieur Jean Bernier, officier municipal, propose de se charger de cette recette pour son fils moyennant le prix de 6 deniers par livre ; le sieur Grelier, ci-devant commis au bureau des vingtièmes, rabaisse à 5 deniers ; le sieur François Gazeau à 4 deniers ; le sieur Bernier à 3 ; ledit sieur Gazeau à 2 ; le sieur François Pelletier, greffier de la commune, à 1. Enfin, le sieur Bernier propose d'adjuger cette recette à son fils Joseph Bernier, porte-drapeau de la garde nationale de Dompierre, sans exiger aucune rétribution pour ladite recette, ce que le conseil adopte avec satisfaction.

Le 30 pluviôse de l'an II (18 février 1794), la municipalité n'eut pas le même avantage pour le même objet. En effet, dans l'adjudication au rabais de la même contribution foncière montant à la somme de 18593 liv. 15 s., la commune fut obligée de donner 4 deniers au citoyen Pelletier, le citoyen Bernier n'ayant pas voulu mettre un rabais au-dessous de 5 deniers. De sorte que le citoyen Pelletier reçut pour les dépenses locales de la municipalité 250 livres ; comme appointements du secrétaire greffier, 80 liv. ; pour le rôle de la contribution foncière, 309 liv. 16 sols, et enfin pour la contribution mobilière, 21 liv. 17 sols.

Le 22 février 1792, on charge le sieur Cavazza, citoyen de La Rochelle, de faire le travail nécessaire pour accélérer la formation de la matrice des rôles de la contribution foncière et mobilière, moyennant la somme de 250 livres, outre les frais de voyage.

On déclare, le même jour, que chaque quartier de terre, soit en vignes, prés, terres labourables, soit en bois, produit un revenu net de 10 livres.

Le 27 septembre, on annonce qu'ils seront à l'amende de

30 livres au profit de la commune, tous ceux qui seront pris à « râper » avant la fermeture des vendanges qui devront commencer le 1er octobre pour finir le 20 du même mois.

.•.

Le 20 septembre 1792, l'an quatrième de la liberté et le premier de l'égalité, il est établi six foires par an à partir du 1er nov., lesquelles se tiendront le 1er lundi de janvier, mars, mai, juillet, septembre et novembre. De plus, les marchés continueront à avoir lieu les fêtes et les dimanches, excepté les fêtes annuelles ou majeures. « Les marchands quincailleurs et autres établiront leurs boutiques sous les halles et rues adjacentes, les marchands de chevaux, bœufs et vaches s'établiront aux deux extrémités du bourg sur les parties latérales de la chaussée de la grande route, et les marchands de cochons, moutons et brebis dans la rue basse derrière le jardin de la cure et à côté du ci-devant four banal. La municipalité sera exacte à surveiller au maintien du bon ordre et de la police, prendra toutes les mesures convenables pour la sûreté des personnes et des propriétés et tiendra la main à ce que les marchands qui se rendront soient placés commodément et trouvent le secours dont ils pourraient avoir besoin (1). »

Mais pendant la Terreur, tout est en désarroi, les foires et les marchés n'existent plus (2). Le 1er mai 1808, les membres du conseil municipal constatent n'avoir ni foires ni marchés ; « il n'y a donc pas lieu, disent-ils, d'établir d'octroi, ni des droits de plaçage, de pesage ou de mesurage publics. »

Cependant le 25 mai 1811, le conseil fait une pétition au préfet dans le but d'obtenir l'établissement d'une foire qui se tiendrait le 25 août de chaque année : « C'est une époque, écrit-il, où les » habitants des communes voisines ont besoin de différents objets » comme cercles, oisils (osiers), graines de sainfoin et autres

(1) De nos jours, la municipalité a essayé d'établir de nouvelles foires, mais sans succès.
(2) L'horloge elle-même, si utile dans tant de circonstances, fut arrêtée pendant dix ans.

» objets nécessaires dans ce temps-là. Le conseil ose assurer
» M^r le Préfet du succès de cette foire, non seulement elle nous
» procurerait quelques ressources, mais encore elle serait avan-
» tageuse pour les habitants du bourg de Dompierre qui ven-
» draient, ce jour-là, leurs denrées. »

En 1849, il fut répondu aux demandes du préfet que la foire
du 1er septembre se tenait en vertu d'un décret impérial du
13 septembre 1813. Quant à la foire du lundi de la Pentecôte, et
au marché hebdomadaire qui a lieu tous les dimanches, on n'en
connait point l'origine, ajoutait-on ; il est toutefois de notoriété
que ces foire et marché remontent à une époque immémoriale,
malgré des interruptions.

CHAPITRE XI

La Convention et ses lois ; Passions populaires ;
Fête de l'Être suprême

Le 21 septembre 1792, la municipalité adressa aux administrateurs du directoire du département de la Charente-Inférieure
la supplique suivante, qui démontre que les glorieux faits d'armes
et les changements politiques n'empêchaient pas une population
laborieuse d'avoir ses inquiétudes et ses déboires : « Les habitants de Dompierre, lorsque tous leurs voisins se sont pourvus
auprès du département pour obtenir des commissions à l'effet de
visiter les ravages qu'avait fait dans leurs vignes la gelée du
4 mai, n'ont point joint leurs plaintes à celles-là. Frappés du
même fléau dans une étendue immense de leurs vignobles, ils
avaient espéré que la Providence adoucirait leurs peines, qu'elle
remplacerait leurs pertes au moins en partie par quelques
repousses de raisin, comme il est arrivé quelquefois. Ils ont
donc laissé opérer autour d'eux. Aujourd'hui, à la veille du
moment de la récolte, ils voient toute l'étendue de leurs maux
et que plus des deux tiers des vignes de la paroisse ne présentent
l'aspect d'aucun fruit à recueillir. Accablés de cette perspective
avec d'autant plus de fondement que l'année dernière ils ne
furent pas favorisés à beaucoup près comme plusieurs paroisses
du district, ils s'adressent à vous, Messieurs, pour faire constater
l'étendue de leurs pertes. Des commissaires nommés par MM. les
administrateurs du district seront plus à portée que jamais de
vérifier les faits, c'est à présent encore plus qu'au moment de la
gelée qu'on peut s'assurer de tout le ravage de ce fléau et de la
grandeur des pertes des habitants. Nous vous prions donc,
Messieurs, comme ayant tous droits à votre justice et à un
dégrèvement dans nos contributions, de vouloir sans perdre de
temps, ordonner qu'il sera nommé des commissaires à l'effet de

parcourir la paroisse et de certifier combien la récolte en vin sera inférieure cette année-ci aux années précédentes. »

Mais le directoire du département devait avoir d'autres préoccupations que celle de dégrever les impôts. La République était proclamée. Le bataillon des gardes nationaux se composait des hommes des communes d'Angoulins, Aytré, Périgny et Dompierre. Le commandant, de concert avec les officiers, demandait que chacune de ces communes participât à la fourniture des drapeaux, guidons, haches, tabliers pour les sapeurs et autres objets indispensables. La commune de Dompierre avait pris les devants et elle fit part à celle d'Aytré, le 28 octobre 1792, de sa détermination. « Rien de plus juste, écrit-on, que d'accorder à » ces braves soutiens de la République les marques caractéris- » tiques de notre civisme et des nobles fonctions qu'ils doivent » remplir ; rien de plus propre à aiguillonner le zèle intrépide » qui doit être gravé dans leur cœur pour repousser avec cette » audacieuse intrépidité les barbares ennemis de notre chère » patrie. »

Le sieur Daguin n'était pas encore satisfait de tout l'entrain qu'on semblait mettre à relever autant que possible la garde nationale. Il demande, en effet, le 17 février 1793, à la commune de Dompierre de doubler incessamment la compagnie composée de 204 hommes, et cela en vue de mieux défendre la patrie, les vigilances étant mieux ordonnées.

Il ne suffisait pas de défendre chaque commune en particulier ; il fallait aussi pourvoir à la défense de la patrie. Le Gouvernement demanda des hommes de bonne volonté. Aussi, le 10 mars 1793, tous les citoyens sont convoqués. Le temps ne permettant pas de tenir l'assemblée dehors, on entre dans l'église et, du haut de la tribune, le citoyen Leconte « lit avec le sentiment qui l'a dictée l'adresse au peuple français dont la Convention nationale a ordonné l'affiche. » Dans son discours, il développe les avantages offerts par la nation à tous ceux qui se dévoueraient volontairement pour le service de la patrie. Il presse vivement les jeunes gens de ne pas se laisser vaincre en générosité, en dévouement pour la patrie, par les jeunes gens des autres communes ; si le nombre de douze volontaires réclamés par la loi n'était pas atteint par un enrôlement volontaire, il faudrait les trouver par un autre moyen, parce que la loi l'exige impérieusement. Un registre sera tenu pendant trois jours chez lui pour recevoir les noms des volontaires.

Le jeudi, quatrième jour après cet avertissement, personne ne s'étant fait inscrire, tous les citoyens de 18 à 40 ans, non mariés, furent tenus d'assister à une nouvelle assemblée, qui eut lieu également dans l'église. Le citoyen Leconte monte de nouveau à la tribune. Il témoigne la peine qu'il a éprouvée en voyant dans une commune pleine de jeunes gens braves et bons patriotes, qu'aucun d'eux ne se fût fait inscrire. Il est persuadé que c'est plutôt l'amour de leur famille qu'aucun autre sentiment qui les retient. Cependant il faut considérer que la patrie les réclame en ce moment et ils lui doivent leurs bras avant tout. Toutes ou presque toutes les communes du canton ayant fini leur travail, il serait honteux pour eux de se montrer moins patriotes que leurs voisins. Il fait entonner l'hymne des Marseillais « et ce chant sublime produit son effet. » Plusieurs jeunes gens viennent successivement offrir leurs services. Le citoyen Lessenne souscrit immédiatement 300 livres pour être distribuées à ceux qui s'engageraient volontairement. La plus grande partie des assistants imitent cet exemple. Enfin, vers trois heures, treizes volontaires s'étaient enrôlés. Un des capitaines de la garde nationale, dans son enthousiasme, se met à la tête de ces jeunes gens engagés et les mène prendre le repas dont deux citoyens font les frais ; le tout se passe avec la plus grande allégresse (1).

Il fallait procurer un uniforme à chaque volontaire. Les citoyens de la garde nationale de Dompierre se présentèrent le 21 mars suivant, avec leur habillement. Le premier de tous, le citoyen Bousseau présenta un habit complet d'uniforme et annonça que, devoué à la patrie, il en faisait présent en pur don à celui de ses frères d'armes à qui cet habillement conviendrait. Alors Pierre Gaillard, de Puilboreau, fournit à Jean Archambaud

(1) Cette levée, dite des *300,000 hommes*, prélude de la conscription militaire, fit éclater la grande insurrection vendéenne, excitée depuis deux ans par la persécution contre les prêtres insermentés et par les excès révolutionnaires.

son habillement estimé par Louis Chaillé, tailleur d'habits, 70 livres; Jean Bellefaye donna le sien, estimé 56 livres, à Pierre Jard; celui de Jean Rouhaut, estimé 48 livres, fut donné à Antoine Richedor; celui de Louis Coudreau, estimé 66 livres, à Nicolas Chatagné; celui de Pierre Chagneau, estimé 50 livres, à Charles Bonnaud; celui de Jean Planchot, estimé 60 livres, à Jean Augé; celui de Jean Clion, estimé 50 livres, à Louis Chagnaud; celui de Pelletier fils, à qui l'habit fut remis, fut donné d'abord à Pierre Savinaud; celui de Jean Videau, à qui l'on remit également l'uniforme, fut donné à Jacques Robinaud. Ce fut Jean Fillion qui bénéficia de l'habit du citoyen Bousseau; l'habit d'André Coupeau, estimé 70 livres, fut donné à Jean-Louis Tempier. Enfin ceux de Jean Bibard et de François Fradin, donnés à Jean Ganif et à Jean Rabot, furent estimés à un chiffre qui nous est inconnu.

Mais déjà la municipalité avait été changée. Le maire Monneron avait résigné ses fonctions le 1er novembre 1792 et avait adressé à cet effet à toute la commune sa démission. « La » mauvaise santé dont je jouis depuis longtemps, joint à ce que » les travaux pénibles de ma profession exigent de moi des » absences fréquentes, lesquelles ne me permettent pas de » remplir comme je le désirerais la place de maire, offrant et » me réservant même de continuer d'en remplir les fonctions » jusqu'au moment du remplacement qui aura lieu le 18 de ce » mois, je prie la commune de Dompierre et tous les vrais » citoyens en particulier de recevoir mes sincères remercie- » ments de la confiance dont ils m'ont honoré en m'élevant à » cette place, trop flatté si j'ai pu y être de quelque utilité. »

Les élections furent ajournées au 2 décembre et Jean Bernier fut nommé maire en remplacement de Monneron.

Mais le citoyen Monneron avait réfléchi et des plaintes furent portées au directoire du district de La Rochelle. Les élections, sur ces réclamations, furent annulées et le citoyen Leconte fut nommé commissaire pour en présider de nouvelles. Dans son allocution, le 6 janvier 1793, il plaide en faveur de la paix et de l'union; il exhorte les citoyens à s'abstenir non seulement de toute voie de fait, mais encore de tout reproche sur le passé et d'injures relatives à la différence d'opinions, persuadé, dit-il, que malgré l'erreur dans laquelle quelques citoyens persistaient en s'éloignant de l'église, ils n'en étaient pas moins bons français, qu'il fallait les plaindre et non les imiter.

On procéda ensuite aux élections, qui donnèrent pour résultat 233 voix à Bernier et 107 seulement à Monneron. Les autres officiers municipaux furent les mêmes que le 2 décembre précédent.

Les paroles du citoyen Leconte, au commencement de la séance, dénotent combien la paix était souvent troublée par des questions d'opinion et de conscience. Le décret de l'Assemblée nationale du 23 avril 1790, déclarant qu'aucun citoyen ne devait être inquiété à raison de ses opinions, était devenu lettre morte.

Un des premiers soins de la nouvelle municipalité fut de former un tribunal municipal composé du maire, de Jacques Lambert et de Louis-Pierre Pelletier, pour juger les délits soumis par la loi du 19 juillet 1791 à la police municipale.

La religion catholique battue en brèche de plus en plus, les caractères devenaient-ils plus doux et plus conciliants ? Nous le verrons tout à l'heure.

La misère diminuait-elle ? Hélas ! tout le monde se plaignait d'être trop surchargé d'impôts. La municipalité avait beau revenir sur la part à donner par les contribuables, elle en contentait un bien petit nombre. Le 28 juillet 1793, elle établit pour base de son impôt 6 liv. 5 sols par chaque quartier de champs, prés, vignes; 25 liv. par quartier pour les jardins et les bois, et enfin 300 liv. par quartier pour les maisons, ce qui fait 2117 quartiers de la 1ʳᵉ catégorie à 6 liv. 5 sols. . . . 13231 l. 5 sols
67 quartiers en bois et jardins à 25 liv. . . . 1675
16 quartiers en maisons à 300 liv. 2400

17306 l. 5 sols

Malgré cette révision, la misère est profonde: le 20 novembre 1793 « il s'est présenté à la commune une quantité de citoyens de notre commune, lesquels nous ont déclaré n'avoir aucun grain chez eux, ni même ne pouvoir avoir de pain à aucun endroit. Leur déclaration nous a paru juste... il est arrêté qu'il

leur en sera procuré par les personnes qui en ont une certaine
quantité, vu la nécessité pressante de nos cultivateurs. »

Le 2 mars 1794, la municipalité arrête que le citoyen Vivien,
dont les trois fils sont au service de la République, est susceptible de toucher la somme de cent dix livres deux sous trois
deniers pour sa part et portion dans les secours accordés par la
nation aux pères indigents des défenseurs de la patrie.

Le 9 avril suivant, « nos frères, » dit le procès-verbal de la
séance, ouverte par le chant d'un air patriotique, « nos frères
manquant absolument de pain, » on décide d'accorder à chaque
individu 50 livres de pain, et le surplus qu'on trouverait dans
les maisons serait de suite transporté au grenier commun pour
y être « amalgamé ensemble » et ensuite distribué à chaque
particulier, proportionnellement aux besoins de sa famille. De
plus, tous les citoyens, est-il dit encore, qui fourniront des grains
ou farines à la commune, en recevront le remboursement sur le
prix du *maximum*, sur leur poids et suivant leur qualité (1).

Le procès-verbal cite ensuite, pour rendre hommage à leur
« sensibilité généreuse envers l'humanité souffrante, » les
citoyens Chaillé, Bonneau et Jolivet, qui ont apporté immédiatement, le premier 4 pains de 20 livres, et chacun des deux autres
un pain de 20 livres.

Mais ces pains devaient être *ronds*, et parce que le citoyen
Monneron en avait fait faire des *longs*, il s'éleva une rixe que le
maire chercha à apaiser. Mais laissons le procès-verbal du
13 mai nous raconter cet événement :

« Le maire de Dompierre a été prévenu qu'il venait de s'élever
une rixe violente au four ci-devant banal ; il s'y est transporté
revêtu de son écharpe et il a remarqué que la cause de cette

(1) Les agitations populaires, les levées de soldats, les réquisitions de
toute espèce, etc., faisaient déserter la culture. L'intempérie des saisons
avait compromis les récoltes. La crainte des accusations d'accaparement
avait rendu tout commerce impossible. Contre le fléau de la disette, la
Convention crut qu'il suffirait de décréter l'abondance par l'établissement du prix maximum des denrées. (Loi du 29 sept. 1793.) L'autorité
municipale fut ainsi chargée de taxer les prix de vente. Mais ces lois
iniques produisirent un effet contraire à celui qu'on en attendait, et,
après avoir soulevé des émeutes, elles furent rapportées le 24 décembre
1794.

rixe ou plutôt le prétexte venait de ce que quelques citoyens avaient fait leurs pains longs pendant que celui des autres était rond et les agitateurs et auteurs de cette rixe concluaient de là que le pain était d'une qualité supérieure à celui des autres ; pendant que le même pain était pur d'orge, attendu que le citoyen Monneron à qui il appartenait n'a pas récolté un grain de froment et qu'il n'en a pas eu à la commune, ce qui est prouvé par les divers recensements faits, excepté un boisseau qui lui a été cédé, il y a environ cinq mois, par le citoyen Leconte. Mais Gaboriaud fils, toujours disposé à soulever le peuple et occasionner une insurrection, s'agitant sans cesse en tout sens pour parvenir à ce but qu'il médite depuis longtemps, a mis dans cette occasion tout en usage pour y parvenir ; mais il a été seul de son parti ; au contraire, tous les autres citoyens ont été indignés de sa conduite ; en vain le maire a mis en usage les représentations les plus fraternelles, lui a exposé ses torts et à quoi il s'exposait. Mais Gaboriaud, bien loin d'écouter le maire, lui a dit des injures, lui a reproché qu'il n'était pas juste et lui a fait aussi des menaces ; tout cela n'était rien en comparaison des injures atroces qu'il a vomies contre le citoyen Monneron et même en sa présence. Il veut aller visiter sa table et qu'elle soit conforme à la sienne, il l'a traité d'*aristocrate* et enfin toutes les autres épithètes les plus indécentes et cela en présence de Charreau boulanger, Pierre Gazeau officier public, de Jean Archambaud, ouvrier à la manufacture du salpêtre. »

Dans la fameuse séance du 23 mars 1794 (an II de la République une et indivisible), nous allons voir comment l'on entendait laisser pratiquer la liberté tout en la proclamant en des formules sonores. Il est bon de donner le procès-verbal tout entier de cette séance :

« Cejourd'hui le conseil général de la commune assemblé, un membre de la commune a proposé que l'ouverture de la séance fût commencée par l'himne si chaire (*sic*) aux républicains, ce qui a été effectué au milieu des acclamations mille fois répétées de *Vive la République* et *Vive la Montagne*. On a ensuite procédé au serment exigé par la loi selon la formule ci-après, lequel a été prêté par tout le conseil avec tout l'enthousiasme et

l'énergie qui caractérise les vrais sans-culottes et bons républicains.

» *Formule du serment* : Je jure de maintenir la liberté et
l'égalité de tout mon pouvoir ; je jure de faire respecter les
personnes et les propriétés ou de mourir en les défendant ; je
jure de mourir en mon poste s'il le faut, et je jure que, dans le
cas où les brigands ou les satellites des tyrans coalisés vien-
draient souiller par leur présence la terre de cette commune,
de m'ensevelir plutôt sous les ruines de la République que de
me rendre, et que le premier d'entre nous qui parlerait de se
rendre soit fusillé à l'instant.

» Le citoyen maire a demandé au district le local du jardin
du ci-devant presbytère aux fins de l'ensemencer en patates au
bénéfice des plus pauvres indigents de la commune, et sa
demande ayant été admise, le conseil a arrêté que demain on
s'occuperait de cette opération. Plusieurs membres et autres
habitants ont alors offert leurs bras, leurs bourses et leurs
semences et il a été arrêté de plus que leurs noms et leurs dons
seront consignés au présent procès-verbal. »

(Suit la liste des noms de ceux qui offrirent les uns un panier
de patates, les autres de l'argent, ceux-ci une journée, ceux-là
du vin).

« Un membre a donné lecture d'un arrêté du district de La
Rochelle portant défense sous peine pécuniaire à tous particulièrement de faire donner le second labour à leurs vignes qu'au
préalable celles des autres particuliers et notamment celles des
défenseurs de la patrie ne fussent taillées et levées ; alors la
délibération s'est ouverte à ce sujet, la discussion a été vive,
attendu que les habitants ouvriers ont représenté qu'ils étaient
plus ou moins propriétaires, que leur seul petit héritage pouvait
seul dans le moment les aider à vivre et que faute de lui donner
la façon nécessaire, leur domaine en souffrirait considérablement, tandis que plusieurs richards en état de travailler eux-
mêmes et non contents de leurs héritages l'ont considérablement
augmenté chaque jour par de nouvelles acquisitions, profiteraient
du bénéfice s'il y a lieu et que, eux pauvres ouvriers resteraient
dans la misère faute de culture nécessaire à leurs terres ; la

discussion s'étendant de plus en plus, les esprits commençaient à s'échauffer, un membre a demandé qu'elle fût fermée, a proposé qu'auparavant de cultiver les vignes des particuliers de cette commune que celles des défenseurs de la patrie seraient tout premièrement cultivées et qu'on surseoirait sur celui des autres particuliers jusqu'à ce que l'on ait de plus amples éclaircissements à ce sujet, et qu'il promettait de donner une semaine ou deux aux femmes veuves et autres qui auraient des enfants au service de la patrie, ceux qui ne seraient pas à même de faire entretenir par eux-mêmes leurs biens. Le maire ayant mis la proposition aux voix, elle a été adoptée à l'unanimité. Le proposant se nomme Jean Chaigne...

» Le citoyen Bernier, ci-devant maire et fermier de la ci-devant seigneurie de Dompierre, est venu dans cette séance déposer au greffe de la municipalité les trois registres censitaires et féodaux de ladite seigneurie. »

Mais les pauvres cultivateurs trouvant sans doute exorbitant l'arrêté qui leur interdisait de faire le second labour dans leurs terres, l'enfreignaient au point qu'on nomma deux commissaires par section afin « 1º de faire un rapport exact de ceux qui repasseront les vignes à moins que ce ne soient celles fumées de 1 et de 2 ans et les broches pareillement plantées depuis 1 et 2 ans ; et 2º de commander aux citoyens de leurs sections qui auront fini leurs platins de se transporter de suite sur les lieux où il y en aura encore à lever et que ceux qui n'obéiront pas aux réquisitions qui leur seront faites, de les dénoncer de suite à la municipalité qui les fera punir selon la rigueur des lois. »

Nous sommes aux plus mauvais jours. Le citoyen Leconte est trouvé probablement trop ami de l'ordre, on le destitue de ses fonctions de juge de paix et on nomme à sa place le citoyen Jousselin, qui reçoit après la prestation de serment « l'accolade vraiment fraternelle de tout le conseil. » Le maire alors, accompagné de deux officiers municipaux se rend par devant le citoyen Leconte pour lui annoncer sa destitution. Celui-ci répond qu'il se conforme à la loi (1).

(1) Cette révocation ne put diminuer la confiance qu'avaient les habitants en M. Leconte. Nommé administrateur de département pour le

Dans sa séance du 1er avril 1794 « l'an II de la République,
une, indivisible et impérissable, » un membre du conseil demande et obtient la parole : « Citoyens, dit-il, le Conseil général
de la commune de Dompierre dans sa précédente séance, a
rempli le serment requis par la loi et il lui sera sacré. Mais il
lui reste encore une autre tâche à remplir, elle n'est pas moins
importante ; en conséquence je vais soumettre ma proposition à
sa délibération pour qu'il réfléchisse mûrement, dans sa sagesse,
sur son contenu et combien elle devient nécessaire dans la
circonstance critique où nous sommes ; nous avons, dis-je, rempli
ce devoir envers la nation, il est juste que les habitants des deux
sexes de cette commune remplissent envers elle les obligations.
Par là, nous connaitrons les bons et les mauvais républicains, il
n'en existe que trop de ces derniers ; alors nous porterons la
surveillance la plus active sur leur conduite. Bon avec les bons,
juste et sévère avec les méchants, voilà désormais la devise du
Conseil général de cette commune. » En conséquence, voici ce
qu'il propose : « 1º il sera établi un tribunal par moitié dans le
Conseil général et moitié parmi les femmes mariées les plus
vertueuses et dont le républicanisme est authentiquement reconnu. 2º Ce tribunal tiendra ses séances pendant quatre décades
à compter du jour de la promulgation dans le temple de la
Raison à 2 heures après-midi et devant lequel tribunal tous les
habitants des deux sexes se présenteront dans ce délai pour y
être interrogés sur leur civisme et prêter le serment qu'il leur
sera requis et le signeront. 3º Ceux ou celles qui dans ce délai
prescrit n'auront pas satisfait à cette obligation seront regardés
comme suspects, privés de certificat civique et surveillés en
conséquence. 4º La formule du serment sera rédigée par un
officier municipal et soumise à la délibération du Conseil.
5º Sont exceptés du présent arrêté tous ceux qui par leur patriotisme reconnu ont été ou seront reçus membres de la société

district de La Rochelle, le 23 juin 1790, puis réélu dans l'assemblée électorale ouverte le 2 septembre 1792, nous voyons encore son nom figurer
parmi les électeurs réunis à Saintes le 20 vendémiaire an IV (12 octobre 1795) pour la nomination des membres du corps législatif. Quelques
années après, il deviendra maire de Dompierre.

populaire..... 12° Le ci-devant agent national doit rendre sous
4 jours pour tout délai : *1°* l'état et la quantité de blé qu'on a
retiré de chez les citoyens pour remplir la réquisition exigée et,
s'il y a eu du surplus, de savoir l'emploi qu'on en a fait ; *2°* un
état exact avec les noms, prénoms des citoyens chez qui on a
requis des grains, leur espèce et quantité ; *3°* la liste des différentes armes que l'on a prises chez différents citoyens, ce
quelles sont devenues, à qui on en a remis et la quantité de
celles qui restent en nature ; *4°* s'il a reçu des fonds du district
pour les souliers faits et fournis pour la République par les
cordonniers de cette commune et à qui il est dû. »

Encore un autre procès-verbal qu'il faut transcrire tout
entier. Les signatures en ont été effacées. Par qui ? Par une
main charitable ? — Peut-être. Ou bien les auteurs de cette
pièce ont-ils eu honte de l'avoir produite, une fois la terreur
disparue, et ont-ils effacé eux-mêmes leurs propres signatures,
afin qu'on ne pût leur reprocher plus tard leur intolérance ou
leur lâcheté ?

La séance du 24 avril 1794 commence par ces mots : « Liberté,
Egalité ou la Mort. »

« Un membre ayant obtenu la parole dit : « Citoyens, vous
» n'ignorez pas qu'au mépris des lois qui proscrivent l'obligation
» des dimanches et fêtes, plusieurs habitants de cette Commune
» se permettent encore de les chômer. Cette désobéissance est des
» plus coupables et mérite punition. C'est donc à nous, citoyens
» républicains, à les dénoncer avec courage et les livrer à la
» sévérité des lois. »

« En conséquence il a proposé et le Conseil a arrêté 1° qu'il
serait nommé dans cette séance deux commissaires par section
et reconnus bons républicains, pour sur leur responsabilité
nous faire un rapport sur ceux ou celles qui désobéissent à la
loi et dont la liste sera de suite dénoncée aux autorités constituées qui en feront justice ; 2° que les mêmes commissaires soient
chargés de faire chez tous les particuliers un recensement
général et le plus exact de tous les livres de superstition tels que
catéchismes, bibles, sermons, heures et chapelets pour ensuite
envoyer à la commune tous ceux qu'ils trouveront pour y être

brûlés ou pour servir à faire des gargousses aux défenseurs de la patrie ; 3° les commissaires auront soin aussi, sur leur responsabilité, de faire enlever de chez les particuliers toutes les gravures, peintures et figures en plâtre ou pierre qui pourraient s'y trouver et qui auraient rapport au fanatisme ou à la royauté ; 4° ils feront pareillement effacer devant eux toutes les croix en chaux qui se trouvent communément aux murs et portes des maisons tant en dehors qu'au dedans ; 5° tous commissaires nommés à cet effet qui manqueraient à leurs responsabilités en se laissant séduire ou par égard envers quelques individus, manqueraient aux dispositions du présent arrêté, seront regardés comme suspects et dénoncés comme tels aux autorités constituées.

» D'après une lettre du district de La Rochelle portant invitation de lui indiquer le plus tôt possible s'il existe dans cette commune des bois de bourdenne, sanguin rouge et blanc, coudrier ou noisetier, de l'osier, de l'aulne et de saule, ne pouvant à cet égard donner dans ce moment des éclaircissements justes... le conseil a nommé deux commissaires pour lui faire de suite un rapport à cet effet..... attendu que le bien public ne doit éprouver aucun retard (1).

» Sur la demande d'un membre, le conseil a arrêté que le nom de la *Belle-Croix* située en cette commune est proscrit à jamais et qu'il sera changé en celui de *La Liberté* et qu'il sera planté un arbre de la liberté en la place de la ci-devant croix (2).

» Sur la proposition du même membre, il a été pareillement arrêté que celui de *Jésus-Maria* situé dans la même section serait aussi changé et porterait désormais le nom de *la Fraternité* (3).

» Il a été arrêté que les commissaires en les diverses sections seraient aussi chargés de faire les visites chez ceux qui peuvent

(1) Il s'agissait de la fabrication de la poudre.
(2) Ce nom de *Liberté* ne put prévaloir longtemps. L'arbre de la liberté, s'il a existé, a fait place à son tour à la croix remise en honneur depuis fort longtemps. En ces dernières années, lors d'une mission à Dompierre, les habitants de ce village témoignèrent leur foi en faisant réparer cette croix qu'ils ont entourée d'une grille afin d'en interdire l'accès aux animaux.
(3) Ce nom de *Fraternité* eut le même sort que celui de *Liberté* et le nom de *Jésus-Maria* a été rétabli.

avoir des sabres et que ceux qui seront de 30 pouces de lame et au-dessus de les faire rendre à la commune qui pour lors les feront parvenir au district (1) ».

Cependant la misère augmentait malgré de telles lois. Le bonheur ne revenait pas au foyer de chaque famille ; aussi lisons-nous dans le procès-verbal du 8 juin que trois jeunes gens peu satisfaits sans doute d'un tel régime, pénétrèrent dans le local où étaient réunis en séance les membres du conseil général. « Comment, dirent-ils, il n'y a rien ici à manger d'après l'argent qu'on vous a mis en main ? Le maire leur répondit que vu la disette de pain et bonne chère il avait été impossible de pouvoir se procurer ce que l'on aurait désiré. Les accusés, non contents des justes raisons que leur a alléguées la commune ont redoublé d'injures... »

Ces jeunes étaient Gaboriaud fils, Jean Cloux et Jean Chaigne (peut-être celui qui avait été applaudi dans une séance précédente). Ce dernier par les « propos les plus injurieux et les plus indécents » qu'il tenait contre la municipalité fut mis en détention à la maison d'arrêt.

Cette maison d'arrêt devait devenir bientôt insuffisante et quand, trois jours après les faits que nous venons de raconter, la citoyenne Rataca, accusée d'avoir vendu un cochon sans en avoir prévenu la municipalité et d'avoir refusé d'en vendre un autre à un particulier du bourg au prix du *maximum*, est condamnée à 50 livres d'amende, moitié pour les indigents et moitié pour la République, on arrête que « les circonstances actuelles exigeant une prison et n'en existant pas dans cette commune, il sera commandé dès demain des ouvriers pour en établir une. »

On envoyait auparavant les condamnés à la prison de La Rochelle, d'après l'exemple de dame Alopé et son fils, qui, un jour de recrutement, avaient « tenu des propos séditieux ayant pour but d'attrouper le peuple et de l'exciter à la révolte contre la municipalité, et manifesté leur intention de se soulever avec

(1) On comptait à Dompierre, au mois de janvier 1794, 419 citoyens en état de porter les armes, 73 fusils, 28 sabres et 10 épées.

le plus de gens possible. » Ils avaient été conduits à la maison
d'arrêt de La Rochelle, d'où ils furent renvoyés chez eux, avec
défense de récidiver, après avoir été détenus pendant 14 jours.
Le procureur de la commune de Dompierre avait réclamé
6 mois de détention dans la maison de correction de La Rochelle.

On ne se contenta plus d'une séance tous les cinq jours (ce
n'était pas une sinécure que les fonctions de conseiller municipal) ; on décida qu'à partir du 12 juin, un officier ou notable
serait alternativement de permanence à la commune.

Le même jour où l'on condamne la femme Rataca, le conseil
pour achever son œuvre de liberté, décrète « que d'ici à deux
jours on établira un tableau de tous les ouvriers ou manou-
vriers quelconques, puis on fixera le prix des journées des
ouvriers, chevaux, charrues, charrettes et outils servant à
l'agriculture, arts et métiers. »

Maximum fixé

« Les journées d'ouvriers payées en 1790 1 liv. 7 sols se
» paieront aujourd'hui 2 bouteilles de vin et 2 livres, ou bien
» sans vin, 2 liv. 10 sols.

« Les journées de femme payées en 1790 12 sols, aujourd'hui
» sans vin, 18 sols.

« Les journées de charrues à bœufs 15 liv., celles de charrettes
» à 4 chevaux 20 liv., charrettes par voyage pour 1/4 de lieue
» 10 liv., journées de chevaux de somme 2 livres. »

On nomma, dans la séance du 25 juin 1794, deux commissaires
par section pour vérifier les grains à couper. Ces commissaires
devaient requérir les bras nécessaires pour faire couper les
grains en maturité et les faire battre de suite. « Aussitôt les
grains battus, ils en prendront un relevé exact chez chaque
particulier, lesquels préléveront leur provision momentanée et
distribueront le surplus à ceux qui n'en auront pas, sur les bons
des commissaires. Ceux qui, par la suite, récolteront, seront
expressément tenus de remettre en nature ce qu'ils ont reçu et
la valeur en sera fixée suivant l'espèce de grains en remplacement. Ceux qui ne récolteront pas le rembourseront en espèces.

Ceux ou celles qui ne se conformeront pas au présent arrêté seront regardés comme mauvais frères, mauvais amis, indignes du nom de républicain et traités comme tels. »

« Sur les représentations qui nous ont été faites, que le marché de cette commune était journellement dépourvu des objets nécessaires à la vie tels que beurre, fromage, œufs, etc., il a été arrêté 1° que les commissaires feront une visite exacte chez les marchands cocassiers et les astreindront à porter au marché une portion de vivres quelconque pour l'approvisionnement de la commune et le surplus à être de suite transporté à La Rochelle pour la subsistance de nos frères. Il sera libre à l'agent national de requérir la force armée qu'il croira convenable. 2° Ils mettront en réquisition pour porter au marché une livre de beurre par décade et par chaque vache, un fromage par dix pièces de brebis, et ils porteront à La Rochelle tous les objets de subsistance dont ils pourront disposer. »

Ce procès-verbal finit par une exhortation et une menace.

« L'union, y est-il dit, la fraternité et les secours réciproques étant les bases du vrai républicanisme, ceux et celles qui ne se conformeront pas au présent arrêté seront regardés comme suspects et traités comme tels. »

A l'époque des vendanges, le 8 septembre suivant, on fait encore une perquisition pour reconnaître ceux qui ont plus de vendange qu'il ne leur faut, afin qu'ils donnent le surplus à ceux qui n'en ont pas assez.

On devait s'attendre à des réclamations plus ou moins violentes : c'est ce qui fit prendre par la municipalité l'arrêté suivant :

« Les mêmes commissaires sur leur responsabilité, feront arrêter sur le champ et conduiront à la chambre commune tous ceux ou celles qui, par des propos ou actions inciviques troubleraient la tranquillité publique ainsi que ceux ou celles qui, au mépris de la loi, continueront encore de chômer les ci-devant fêtes et dimanches, afin de leur faire subir la peine qu'ils encourent. »

Dans les séances de nos conseils de campagne, les orateurs ne manquaient pas de faire des discours emphatiques ; qu'on en juge par la pièce suivante relative à l'établissement d'un bureau de bienfaisance :

« Citoyens, frères et amis, un comité de bienfaisance a été
» établi dans presque toutes les cités de la République pour le
» soulagement des pauvres indigents et infirmes hors d'état de
» gagner leur vie et pour faire disparaître la vue de la mendi-
» cité. Cet avantageux établissement n'est-il donc fait que pour
» les cités ? non, sans doute, partout où règne le patriotisme,
» l'humanité souffrante doit trouver du secours. C'est donc à
» vous que je m'adresse, cœurs sensibles et vertueux, vous que
» le mérite d'une bonne action tient lieu de richesses. Etablissons
» en cette commune un pareil comité, parcourons nous-mêmes
» ces asiles du malheur ; là, nous verrons le vieillard infirme,
» le malade, les veuves, les enfants éplorés presque nus, couchés
» sur le grabat, accablés de misère et périssant faute de guérison
» et de nourriture.

« Oui, à l'aspect de ces maux incurables, nos cœurs seront
» déchirés, nous porterons dans leur sein les secours qui leur
» seront nécessaires ; vêtements, bois, médicaments et subsis-
» tances, rien ne doit être épargné ; c'est le devoir du vrai
» citoyen, et en s'y refusant, il se rendrait ennemi de l'humanité.

« En donnant des secours à nos frères indigents, nous les
» porterons à la consolation et à l'encouragement, nous détrui-
» rons les idées du fanatisme peut-être encore trop existantes
» chez eux, nous ferons placer la vertu où régnait le vice et la
» fainéantise, nous leur ferons chérir la liberté et nous aurons
» bien mérité de la patrie. »

Après un tel discours on ne pouvait manquer d'arrêter les différents articles nécessaires pour régler le fonctionnement de l'assistance publique !

Le 2 novembre 1794, on arrêta que chaque cultivateur qui préférerait travailler à la journée plutôt que de continuer ses travaux à prix fait, devrait faire trois quartiers de vignes.

Le 23 du même mois, le citoyen Valin, contrôleur des transports militaires, requiert sept charrettes à 4 colliers pour le transport de 10 tonneaux de vin blanc à prendre à Montplaisir, lesquels seront déposés à La Rochelle dans le magasin des

7

subsistances de la marine, rue Chaillier ci-devant Saint-Léonard.

Le 10 décembre on brûla sur la place publique les titres qui constataient les droits féodaux et seigneuriaux des ci-devant seigneurs de l'étendue de la commune. Ces titres avaient fait l'objet d'un scrupuleux examen (1). On excepta de la destruction tous ceux qui paraissaient être fonciers et ceux que la municipalité trouva bon de conserver, au nombre de 34 pour la Pinaudière, de 130 pour la Motte et de 12 pour la Tourtillière.

.·.

Au milieu de cette tourmente, l'expression de la joie était obligatoire. On avait institué des fêtes.

Tout d'abord des fêtes civiles, alors que dans les églises on n'avait pas encore interdit le service divin.

Le 1er novembre 1792, la municipalité avait arrêté que, le dimanche 11 du même mois, les citoyens étaient invités à se réunir à l'issue des vêpres, pour se rendre avec la municipalité et la garde nationale au champ de la Révolution, et y célébrer la fête décrétée par la Convention nationale, pendant laquelle on chanterait l'hymne des Marseillais.

Mais, l'année suivante, les églises désertées par leurs pasteurs constitutionnels doivent servir à des fêtes d'un autre genre.

Nous arrivons de suite à la séance du 5 juin 1794, relative à la fête de l'Être suprême qu'on doit célébrer le 8 juin, et dont nous allons transcrire le programme arrêté par la municipalité.

« I. Tous les habitants sont invités d'envoyer à la commune tous les branchages et fleurs dont ils pourront disposer.

» II. Il sera requis les charpentiers et les jardiniers nécessaires pour l'ornement du temple.

» III. Il est enjoint à tous les habitants de ce bourg de nettoyer leurs pavés respectifs et d'orner leurs fenêtres de feuillages, fleurs et rubans tricolores sous peine d'amende à la commune.

(1) Bottenay, peut-être Bautené, instituteur de Chagnolet, et Lescuyer, notaire, chargés de ce travail, passèrent cinq jours à faire la recherche des titres féodaux. On leur avait promis 45 fr. on leur en donna 30 seulement et encore sept années plus tard.

» IV. Le lieu du rassemblement se fera sur le chemin de la grande route en avant du bourg où toute la garde nationale sera requise de se trouver avec leurs guidons à 9 heures précises du matin.

» V. Tous ceux qui seront armés formeront deux colonnes de droite et de gauche, ayant à leur tête leurs tambours, et ceux qui ne seront pas armés formeront double colonne en dedans.

» VI. Dans le centre sera en avant un char orné de feuillages et de fleurs portant trois jeunes filles les plus vertueuses et dont le républicanisme est reconnu, vêtues en blanc, une représentant la Victoire, portant pour emblème une couronne de laurier et tenant de la main droite une épée nue et de l'autre un laurier ; la seconde représentant la Liberté, portant une couronne civique et tenant de la main droite une lance surmontée du bonnet de la liberté ; et la troisième représentant l'Égalité tenant de la main droite une équerre et portant sur sa tête une couronne de fleurs. A leurs pieds sera un jeune enfant tenant ouvert le livre de la Loi.

» VII. Suivra la municipalité en écharpes, le bureau de sûreté générale, une députation de la société populaire, le cortége sera fermé par les autres citoyens de tout sexe que nous invitons de s'y joindre en masse.

» VIII. L'ordre de la marche ainsi établi, tout officier, de quelque grade qu'il soit, est tenu de maintenir le bon ordre et d'empêcher qu'aucun individu ne sorte des rangs.

» IX. Le cortège prendra sa direction du lieu du rassemblement le long de la grande rue, fera le tour du temple, descendra dans la seconde rue et ira droit au temple.

» X. Pendant la marche, il sera chanté par intervalles des airs patriotiques et analogues à la fête, les intervalles seront remplis par le battement des tambours, pas ordinaire.

» XI. Le cortège arrivé au temple, la force armée se retirera, déposera les armes et rentrera pour se réunir et fraterniser tous ensemble.

» XII. Étant entrés au temple, il sera donné lecture de différents discours et chanté des couplets analogues aux circonstances en exhortant nos frères et nos amis à reconnaître l'Être suprême et l'immortalité de l'âme et en les engageant de tout notre pouvoir à suivre les vertus républicaines qui sont l'union, la fraternité, l'égalité et l'amour de la patrie.

» Art. XIII et par supplément. Dans le fond du temple, en la place de l'autel du fanatisme, sera élevée une montagne couverte de fleurs sur le sommet de laquelle sera assise la Victoire et les autres seront placées suivant leur rang et chaque individu au moment de leur entrée dans le temple ira rendre hommage à la montagne (1). »

L'acte de cette enfant de treize ans, représentant la Victoire, ne lui porta pas bonheur. L'on sait, en effet, que c'est le jour de l'Octave de l'Ascension (5 juin) que le conseil prit cet arrêté. C'est le dimanche suivant, jour de la Pentecôte, que cette jeune fille, consciente ou non, monta sur l'autel pour remplacer le vrai Dieu. Or, elle verra mourir plus tard ses trois enfants, le jour même de la fête ou le jour de l'Octave de l'Ascension, le premier à 17 ans, le second, étudiant en médecine, à l'âge de 22 ans, et enfin, le troisième, étudiant en droit, à l'âge de 23 ans.

Pour trouver trace d'une autre fête, il faut se reporter au 10 août 1795. Cette fête fut instituée « en l'honneur du 10 août », et pour la solennité on convoqua la garde nationale en grande tenue, avec tambour, guidon, etc. Le lieu du rassemblement était devant chez Gazeau, officier municipal. Dans le parcours, tout autour du bourg, le tambour bat alternativement avec le chant du *Réveil du peuple*. Dans le temple, au fond, on avait élevé une tour, surmontée du drapeau tricolore, ayant à ses pieds les drapeaux ennemis, et la tour portait pour inscription : « *Honneur et gloire aux armes de la République.* »

(1) On peut s'étonner de ne pas voir figurer au programme des organisateurs de la fête, dans une commune essentiellement agricole, le char portant un trophée d'instruments d'agriculture prescrit officiellement.

CHAPITRE XII

**Polémique entre le curé constitutionnel Douix et Fillon-
neau, son prédécesseur. Fillonneau, traqué, est contraint
de se cacher et de fuir. Son exil à Londres, où il fonde
une chapelle française. Son retour à Dompierre. Il
devient vicaire général de La Rochelle. — La petite
église : M. Doussin à Chagnolet.**

Mais que devenaient pendant ce temps les prêtres? Ils étaient
divisés en deux catégories : les assermentés, obéissant aux lois
tyranniques, et les insermentés, qui préféraient sauvegarder leur
honneur au détriment de leurs aises toujours et souvent de leur
vie.

Le prêtre assermenté de Dompierre, Pierre Douix, reçoit tous
les honneurs. Il est président dans une assemblée, secrétaire
dans une autre, premier notable dans une troisième.

Pour donner une idée de son esprit sacerdotal, il suffira de
reproduire une lettre parue le 25 novembre 1791 dans les
Affiches de La Rochelle, où il prend à partie son prédécesseur
dépossédé, mais toujours résidant au milieu de son troupeau
fidèle.

« Je vous prie, Monsieur, d'insérer dans votre feuille la lettre
» du curé constitutionnel de Dompierre, honorée d'un... silence
» par le sieur Fillonneau, ci-devant curé de ladite paroisse.

» Monsieur, je ne m'ingérerai point à vous démontrer la faus-
» seté des principes, que vous étudiez à faire adopter à un peuple
» trop peu éclairé, pour refuser ses regards essentiels et com-
» plaisants aux tableaux que vous lui tracez, d'une Divinité,
» juste à la vérité, mais pas si sévère que vous l'annoncez;
» puisque par l'effusion de son sang elle a racheté toutes les cré-
» dules victimes de vos menaces de damnation, (qui heureuse-
» ment n'est décidée qu'à votre téméraire tribunal et à celui de

» vos semblables.) Non, je ne vous exposerai pas cette thèse, ce
» serait insulter à votre jugement que de vous supposer capable
» de l'accorder avec votre sincère façon de penser, (sauf celle
» d'agir), vous en devez trop sentir l'inconséquence pour ne pas
» présumer que votre cœur désavoue ce que votre bouche publie,
» par un motif connu et réprouvé par l'Évangile et la saine
» raison. Je me bornerai seulement de vous inviter à instruire
» vos partisans sans les abuser ; je me charge d'y contribuer, si
» mes moyens vous sont agréables ; assignez-moi un lieu qui vous
» soit commode, convoquez-y vos prosélytes, et les échos de vos
» calomnies ; vous discuterez en leur présence le sujet de votre
» désobéissance, et moi celui de ma soumission à la volonté
» nationale ; nous consulterons la tradition ; les prophètes et
» les évangélistes seront nos guides et la révélation notre règle ;
» si ces autorités font pencher la balance en faveur de votre
» cause, je conviendrai hautement que c'est un crime d'obéir à
» sa nation, à ses lois, à son roi, et d'entreprendre la direction
» de la discipline extérieure de l'Eglise, qui doit s'accommoder
» aux besoins de l'homme, et qui en conséquence a varié dans
» tous les siècles.

» Quoique vous prétendiez prouver (aussi clair que 2 et 3
» font 4) qu'on ne peut pas pratiquer aujourd'hui ce que les
» apôtres ont observé et transmis à leurs successeurs, qui à leur
» tour se sont fait un devoir inviolable de respecter les *droits de*
» *l'homme ;* et vous, vous voulez les transgresser parce qu'ils ne
» secondent pas vos vues. O injustice criante ! Convainquez-moi
» que je ne dois pas l'abhorrer, j'avouerai que je dois la com-
» mettre et je reconnaîtrai la légitimité de votre opiniâtreté.
» Voilà le champ qui vous est ouvert ; si vous croyez y rempor-
» ter la victoire, avancez-y d'un pas ferme, en me persuadant
» que la bonne foi et la religion vous animent ; sans doute vous
» ramènerez dans le bercail celui que vous accusez (gratis) en
» être sorti, et il vous restituera le vol que la nation l'a autorisé
» de vous faire, en se conformant à la nomination des premiers
» siècles, que l'ambition et l'avarice avaient changés et cor-
» rompus ; c'est dans cette attente que je me réserve d'apprécier
» votre silence dédaigneux et forcé, ou de répondre à vos

» sophismes que l'intérêt semble appuyer et non l'amour de la
» gloire de Dieu et du salut de votre patrie.

(Signé) DOUIX, *curé constitutionnel de Dompierre*
et par une suite nécessaire amateur (sic) de ses concitoyens. »

Le 21 octobre 1792, Douix, Jean-Raymond Guilhemot, ci-
devant Jacobin, faisant fonctions de vicaire, et Jean-Benoît
Barbon prêtent un nouveau serment.

Les offices se célébraient régulièrement; cependant tous les
habitants, obligés alors de recourir au ministère du prêtre constitutionnel, ne le faisaient pas volontiers.

Le 9 février 1793, en effet, le jeune Louis Jard, lors des funé-
railles de son père, pénétra dans la sacristie au moment où le
corps était rendu dans l'église, et défendit de dire la messe au
curé déjà tout habillé et prêt à la célébrer. Pour ce fait, il fut
condamné par la municipalité « à une somme de 30 livres en
cierges de cire blanche mis dans l'église aux deux autels le saint
jour de Pâques, allumés par le sacristain, et ledit Jard présent
au commencement de la grand'messe; faute par lui de s'y présenter, il sera condamné à pareille somme pour les pauvres. »

Mais bientôt le clergé constitutionnel, avili et dégradé, est
supprimé au mois de novembre de la même année. Le 4 décembre, Douix se rend à l'assemblée des officiers municipaux et
notables réunis en conseil général. Là, devant tout le monde, il
promet de ne plus exercer les fonctions de curé « afin, dit-il, de
donner de nouvelles preuves de ses sentiments républicains et de
contribuer à la paix qu'il a toujours cherché à procurer à ses
concitoyens. » Alors, il remet ses lettres de prêtrise et proteste
solennellement qu'il conseillera la plus exacte observance des
lois et qu'il persistera à en donner l'exemple.

Le vicaire Guilhemot et Barbon, ancien prieur de Saint-
Léonard, firent de même après lui.

Rapprochons de ce compte rendu le procès-verbal d'une
séance tenue auparavant dans le même but et dont tous les mots
ont été effacés. Il y est dit que si le sieur Douix a agi ainsi, ça
été « la conséquence des avis qu'on lui a fait donner de plusieurs
parts du danger qu'il y avait pour les habitants même de cette

commune qu'il continuât ses fonctions de curé».....«Alors le citoyen maire a demandé au nom du corps municipal et des notables, si le citoyen curé avait reçu des ordres du représentant du peuple du département ou du district et enfin d'une autorité quelconque pour la cessation de ses fonctions, il lui a représenté que tous les habitants attachés à leur religion et persuadés que les meilleurs républicains et les citoyens les plus fidèles aux lois sont ceux qui craignent Dieu et observent leur religion, désiraient profondément que ledit citoyen curé, ainsi que le citoyen Guilhemot vicaire ne cédassent pas à des terreurs, qu'ils ont été établis dans leurs fonctions par la nation même, du moins le curé, ils ne cessassent point le culte que la loi autorise à moins que les organes de cette même loi n'aient prononcé. En conséquence il a été arrêté que, sans prendre aucune délibération sur l'objet principal il serait donné acte audit sieur curé de la remise qu'il fait de ses lettres de prêtrise et que les citoyens maire et procureur de cette commune porteraient au district de La Rochelle copie de la présente délibération en invitant le citoyen curé à se joindre à eux pour demander les ordres de l'administration. »

Pourquoi cette délibération a-t-elle été biffée du commencement à la fin? Sans doute parce qu'elle ne fut pas trouvée suffisamment empreinte des sentiments républicains du moment. Mais il n'en ressort pas moins que la population de Dompierre était restée chrétienne.

Le jour même du désistement du sieur Douix, on fit l'inventaire de tous les objets renfermés dans les armoires de la sacristie. Tel fut le dernier acte de l'intrus. Qu'est-il devenu dans la suite? Est-il demeuré à Dompierre? C'est peu probable. — D'où était-il et où se réfugia-t-il? Nous l'ignorons.

Nous avons un autre caractère bien plus consolant dans la personne de M. Fillonneau, curé de Dompierre depuis 1785.

Après la nomination de Douix pour le remplacer, M. Fillonneau est obligé de fuir son presbytère et son église et il est reçu avec empressement par une de ses paroissiennes, Mlle Julie de la Maisonneuve de la Motte (1), demeurant à la Fromagère, à quelques centaines de mètres seulement du bourg.

Il consacra un appartement dont il fit une chapelle souvent trop petite pour contenir les fidèles.

Cet attachement à la foi de leurs pères excita la jalousie de ceux qui fréquentaient l'église officielle. En diverses circonstances, le juge ou quelque habitant de marque essayait de mettre la paix entre les adversaires. Mais comme les conseils ne produisaient pas sur les fidèles les effets qu'on en attendait, le procureur résolut de vaincre la difficulté en portant l'interdit de séjour chez Mlle de la Motte.

Il ne se contenta pas de porter l'interdit, il fit encore des menaces. Alors, Mlle de la Motte présenta à Messieurs les Administrateurs du département une requête par laquelle elle les priait de l'autoriser à se pourvoir devant les tribunaux contre le procureur de la commune.

Voici, d'après un procès-verbal d'avril 1792, les explications

---

(1) La famille de la Maisonneuve de la Motte se composait d'un frère et son épouse habitant à la Motte, de leurs enfants de Seguin habitant Chagnolet, et d'une sœur non mariée habitant la Fromagère. Elle était étrangère au pays. Aussi, conformément à l'arrêté du Comité de salut public, qui disait : « En exécution du décret du 2 germinal, il ne sera donné aucune retraite à aucun ci-devant noble et étranger de l'arrondissement des armées de l'Ouest et des côtes de Brest, savoir : dans les départements de Loire-Infre, Morbihan, Finistère, Charte-Infre, Vendée, etc. », on enjoignit aux membres de cette famille de quitter le territoire de Dompierre.

Où aller ? Le citoyen Monneron, originaire d'Ambazac, près de Limoges, les engagea à partir dans la Haute-Vienne et les recommanda aux administrateurs de son pays natal. Mais à cause de la pénurie des subsistances, quatre mois après, le 6 octobre 1794, les administrateurs d'Ambazac les renvoyèrent avec la recommandation suivante : « Citoyens » collègues. — Si nous suivions notre intention, nous garderions plus » longtemps dans notre commune le citoyen Maisonneuve et sa famille... » mais les circonstances s'y opposent à raison de la disette des denrées; » nous les voyons partir de notre commune avec tous les regrets imagi- » nables, mais ce qui nous flatte en cela c'est que nous sommes assurés » qu'ils seront plus heureux dans leur domicile... Nous n'avons que des » louanges à leur donner de leur conduite civique et républicaine. Nous » avons mille remerciements à faire au citoyen Monneron de nous avoir » procuré d'être utiles à une malheureuse famille et d'avoir choisi la » commune d'Ambazac près Limoges qui ne cessera de le regarder » toujours comme un de ses concitoyens. »

données par le procureur : « S'il a fait des défenses sévères, dit-il, à la D^{elle} Lamotte, de ne plus recevoir chez elle les sieurs Fillonneau et Le Clère, ci-devant curé et vicaire de cette paroisse, ce n'a été que dans les vues du bien public, pour maintenir l'ordre et la tranquillité dans la commune et empêcher par ce moyen de plus grands maux, que ces motifs seuls ont toujours dirigé ses actions depuis qu'il a été honoré de la confiance de la paroisse ; que le peu d'instruction qu'il lui a été donné dans sa jeunesse et son état de maçon ne lui ayant pas permis de connaître toute la valeur des expressions de la langue, il se peut qu'il en ait employé en cette occasion qui ne fussent pas convenables à son idée, que son intention n'a été que de faire entendre à la D^{elle} Lamotte qu'elle s'exposait à perdre la vie par la retraite qu'elle ne cessait de donner à deux ecclésiastiques qui, après avoir plusieurs fois assuré en public de désobéissance aux lois portaient le trouble dans la paroisse de Dompierre par leur manœuvre lâche et par leurs discours animaient les particuliers contre l'ordre établi par la loi et la nation, en sorte que la paroisse de Dompierre était une de celles où les familles fussent les plus divisées, de façon même à faire appréhender à tout moment quelque éclat funeste, que de la maison de ladite D^{elle} Lamotte ils en avaient fait long-temps avant l'arrêté du département autorisant l'ouverture des églises une espèce d'oratoire où ils attiraient entre autres à la confession une multitude de personnes séduites, qui à leur tour en séduisaient d'autres, que la preuve que les intentions du procureur de la C^{ne} à leur égard et à celui de la D^{elle} Lamotte n'étaient pas telles qu'on veut le faire entendre par la requête, c'est que les sieurs Fillonneau et Le Clère ont paru eux-mêmes en plein jour à Dompierre sans que qui que ce soit leur ait dit la moindre chose, c'est que la D^{elle} Lamotte qui fait semblant d'être si effrayée n'a pas reçu la moindre insulte chez elle, quoiqu'elle ait continué à recevoir ces deux prêtres, que personne ne l'a molestée en rien.

» D'où il est sensible que le procureur de la C^{ne} en lui faisant une défense exagérée par le terme n'a jamais pensé à rien de sinistre à son égard.

» Sur quoi délibérant et sur ce, ouï le sieur Charles Dérosier, officier municipal faisant pour le procureur qui s'est à l'instant retiré, le Conseil général, considérant que le zèle et l'amour de la paix, de la tranquillité publique ont dicté au sieur N... un écrit répréhensible par les termes, mais dont il a pu ne pas sentir les conséquences ; arrète que MM. les administrateurs du département seraient priés de vouloir bien ne pas autoriser la D^{elle} Lamotte à se pourvoir devant les tribunaux contre un citoyen qui a la confiance générale et auquel on ne peut faire d'autre reproche dans la conduite qu'il a tenue vis-à-vis de la plaignante que celui de n'avoir pas su mesurer ses termes et à cette occasion le Conseil général ne croit pas déplacé de faire remarquer que la personne qui porte des plaintes si amères contre un écrit qui n'a eu aucune suite et qui réclame si hautement l'observation des lois en sa faveur est la première à y contrevenir. Elle la brave en s'adressant même à ceux qui sont les plus obligés de la maintenir ; le nom de la personne qui a souscrit la requête à laquelle on répond n'est pas de la Motte, celui-ci est un nom de féodalité ; le vrai nom de cette personne est La Maisonneuve, son frère germain établi non loin d'elle signe toujours ainsi. »

Ceci se passait en avril 1792, et, malgré les protestations du conseil, la vie de M. Fillonneau était en danger, à tel point que désormais il fut obligé de se cacher. On ne pouvait pas lui pardonner d'avoir tant de partisans.

A plusieurs reprises, on alla faire des perquisitions dans la maison avec l'intention de lui faire un mauvais parti.

Un jour, quelques-uns de ses amis apprenant qu'on allait faire des recherches pour le découvrir et pensant bien qu'il s'était caché dans les buissons, obtinrent des forcenés l'autorisation de les accompagner, leur promettant de les seconder de tous leurs efforts. Ces hommes fidèles marchaient donc en avant, frappant les haies le long des chemins, et, quand l'un d'eux découvrait le prêtre : « Cachez-vous donc mieux », lui disait-il tout bas, sans cesser pour cela de proférer des menaces à son adresse.

Mais ce stratagème ne pouvait durer longtemps ; les révolutionnaires finirent par se défier de leurs prétendus partisans. Alors ils fouillaient eux-mêmes, à l'aide de leurs grands sabres, les buissons et les broussailles. Un jour, M. Fillonneau, apprenant que deux délégués armés venaient à la Fromagère pour le prendre et le tuer, n'eut que le temps de monter dans un arbre touffu et de s'y cacher dans le feuillage. Quelques instants après, les délégués arrivaient. Plongeant leurs grands sabres dans tout ce qui leur paraissait susceptible de servir de cachette autour de ce même arbre, ils s'écriaient : « Ah ! Fillonneau, si tu étais là, comme nous ferions bien ton affaire ! »

Dans de telles conditions, le curé persécuté vit que sa présence pouvait compromettre la famille qui lui donnait l'hospitalité ; il prit donc le parti de fuir.

Un honnète marchand, M. Martineau, qui allait vendre dans les différentes localités sans s'être rendu suspect, lui en prépara les moyens.

Il connaissait parfaitement toute la contrée et il s'entendit avec un pilote du port de Brault, près de Marans, lequel consentit à emmener M. Fillonneau en Angleterre.

Mais il fallait arriver à l'embarcadère.

Le meunier du moulin des Gandes, nommé Billaud, se chargea de conduire le prètre sain et sauf. M. Fillonneau revêtit les habits du meunier et, monté sur un cheval qui portait en même temps un sac de farine, il arriva au milieu de la nuit à bon port, conduit par son fidèle paroissien.

Il était quelques jours après en Angleterre (1). C'était en l'année 1792.

Après la tourmente révolutionnaire, il retourna dans sa chère paroisse de Dompierre, au mois de septembre 1802. Ce fut une joie générale. Mais les préoccupations du curé étaient grandes.

(1) Il se réfugia à Londres. D'après l'ouvrage du chanoine Plasse : *Le Clergé français réfugié en Angleterre* (2 volumes), « afin d'obvier à l'insuffisance des salles transformées temporairement en chapelles dans les maisons particulières et aux inconvénients inévitables des chapelles anglaises, où les prêtres français gênaient les prêtres anglais et manquaient eux-mêmes de liberté, » Monseigneur de la Marche fit ériger une chapelle sous le vocable de Sainte-Croix. Devenue trop petite pour le grand nombre d'émigrés, une seconde chapelle sous le vocable de N.-D. fut érigée par M. Fillonneau le 1er juin 1796. (Tome II, page 123.)

Deux ans plus tard, en 1798, l'arrivée du troisième courant d'émigrés et surtout la nécessité de s'éloigner des côtes sud de la Grande-Bretagne ayant fait affluer dans ce quartier de nouveaux réfugiés, M. Fillonneau fit construire une autre chapelle plus spacieuse et plus commode dont la

Son église était devenue une grange que des particuliers louaient pour y mettre des fourrages. Le presbytère avait été occupé par le sieur Lhermite.

Néanmoins, il faut le dire, on ne lui marchanda point les marques d'intérêt et d'estime. Il oublia toutes les souffrances qu'il avait endurées et se donna complètement au travail pour le plus grand bien de ses paroissiens qui, malgré toutes les avanies qu'on leur avait fait subir, étaient demeurés pour le plus grand nombre fidèles à leur pasteur.

Nous ignorons s'il y eut, après le départ de M. Fillonneau, quelques prêtres cachés à Dompierre, comme dans d'autres

fondation est ainsi constatée aux archives de la chapelle française de King street :

« Registres des actes de baptême des enfants des émigrés français nés dans le quartier de St Georges fields, depuis l'année 1796 jusqu'en 1802.

» Lesquels ont été baptisés à la chapelle catholique française de St Georges fields n° 44 Pitt street ou n° 21 Prospect place .. La première chapelle a subsisté jusqu'au 20 février 1798, et la seconde jusqu'au 1er août 1802 ; l'une et l'autre entretenues par les soins et la seconde bâtie par Mr Fillonneau, curé de Dampierre... d'après une licence du Gouvernement, sous les auspices et avec l'approbation de Mgr Donglas, évêque de Centurie et vicaire apostolique du district de Londres, à l'usage des émigrés français résidant dans cette partie de la capitale. »

» Mgr de la Marche avait mis les proscrits sous la protection de la Ste Croix en donnant ce vocable à la première chapelle française érigée à Londres : Chantret les avait placés sous le patronage de la Vierge Marie consolatrice des affligés ; l'abbé Carron les avait confiés à la garde des Saints Anges. Après eux, l'abbé Fillonneau qui avait dédié sa chapelle de Pitt street sous le vocable de N.-D., partageant deux ans plus tard, le regret amer qu'éprouvaient les exilés, d'être privés de la patrie, érigea celle de Prospect place, sous l'invocation de St Louis roi de France. « Le 25 août 1801, dit de Lubersac en parlant du patronage du saint monarque à la chapelle de St Georges fields, la fête du saint patron fut célébrée dans cette chapelle avec la plus grande solennité. Mgr de Bétizi, évêque d'Uzès, célébra pontificalement la grand'messe et l'abbé Coulon, grand vicaire de Nevers, prononça le panégyrique du saint roi avec beaucoup d'à-propos et de dignité. »

» La vie de son héros fournit à l'orateur l'occasion de faire d'heureux rapprochements qui émurent profondément toute l'assistance, composée des princes de Bourbon, des exilés de toutes les classes et des protestants qu'attiraient toujours la sympathie ou la curiosité. » (Page 150 et suiv...)

» Cette chapelle malheureusement n'existe plus aujourd'hui, elle a été fermée en 1802, au départ de Mr Fillonneau retournant à Dompierre.

» La chapelle St Louis des Français actuelle a été mise sous le vocable du Roi de France, depuis quelques années seulement, par Mr l'abbé Toursel. Primitivement elle était connue sous le nom de chapelle française de l'Annonciation située au nord de la Tamise, tandis que les chapelles de Mr Fillonneau étaient au sud du fleuve. » (Lettre du chanoine Plasse).

paroisses. Les actes de baptêmes et de mariages que nous possédons, faits en 1800 et signés par Julien Bachelier, prêtre religieux de l'ordre de Citeaux, ont été rédigés probablement à La Rochelle ; car, en l'année 1801, toutes les cérémonies religieuses ont été célébrées en cette ville par M. Bellot, curé de Notre-Dame, et, quelques années auparavant, en 1797, par M. Bascaud, curé. Les actes transmis à la paroisse de Dompierre sont contresignés par Mahier, religieux conventuel approuvé, vicaire de Notre-Dame.

Aussi, quand M. Fillonneau fut réinstallé, eut-il à faire 45 baptêmes dans les 3 derniers mois de l'année 1802.

Nommé conseiller municipal, le 30 juin 1816, il fut appelé l'année suivante (4 avril) au palais épiscopal comme vicaire général, en remplacement de M. Lemit, sans cesser toutefois d'être curé de Dompierre. Le service de la paroisse fut alors fait par un vicaire résidant.

M. Fillonneau conserva tellement l'estime de ses paroissiens, que ceux-ci, lors de sa mort à La Rochelle en 1826, firent transporter son corps dans le cimetière de Dompierre. On lit encore sur la pierre de son tombeau l'inscription suivante : « ICI REPOSE LE CORPS DE M. FILLONNEAU CURÉ DE DOMPIERRE ET VICAIRE GÉNÉRAL DU DIOCÈSE DE LA ROCHELLE DÉCÉDÉ A L'ÉVÊCHÉ LE 2 SEPTEMBRE 1826 ; NÉ LE 20 JANVIER 1750 A FONTAINE-VENDÉE. UN DE PROFUNDIS POUR LE REPOS DE SON AME. »

.·.

Un autre prêtre, digne de tout éloge à cause de son héroïsme et célèbre plus tard par son opiniâtreté, occupa une place considérable à Dompierre. Nous voulons parler de M. Doussin. C'était un homme doué d'une rare énergie qui lui fit affronter bien des péril.

S'il avait voulu se soumettre aux décisions du Pape, lors du Concordat, il eût acquis une gloire autrement précieuse que celle que lui a valu son orgueil inflexible. Quel a été son aveuglement de se flatter de posséder seul le trésor de la vérité et de ne plus vouloir reconnaître l'autorité du Pontife romain et des évêques ?

Né à Saintes, il fut prieur de Sainte-Marie-de-Ré. Il refusa le serment constitutionnel et passa dans la Vendée, où il devint curé de Bonny-sous-la-Roche. De la Vendée il fut conduit à Rochefort, pour être déporté ; il réussit à s'évader et vint se fixer à Chagnolet (1).

Avant comme après le Concordat, il fut contraint de se cacher. Voici les moyens ingénieux qu'il employa pour éviter d'être découvert.

La maison dans laquelle habitait le prieur (c'est ainsi qu'on l'appelait) se compose d'un étage au-dessus d'un rez-de-chaussée. Le plancher qui fait la séparation de l'étage était double ; le haut de l'escalier donnait en face d'un petit appartement où il avait sa bibliothèque et une table-bureau munie de tiroirs dans toute sa partie inférieure, sauf dans l'espace destiné à recevoir les genoux.

Les pieds de ce meuble, pénétrant le premier plancher s'appuyaient sur le second, ce qui le rendait fixe. Il était de plus adossé à un mur. La boiserie qui en formait le fond glissait dans une rainure et l'ouverture ainsi faite correspondait à une autre pratiquée dans la muraille. Le danger existait-il, le prieur ouvrait rapidement les deux portes à coulisse, et, arrivé de l'autre côté, les refermait avec soin. Il se trouvait alors entre un plafond et la charpente d'une maison voisine qui appartenait au même propriétaire.

Mais avant de pénétrer dans son appartement, un système ingénieux fermait la porte, que les initiés seuls savaient ouvrir. Une tige de fer qu'on abaissait faisait céder cette porte ; mais de chaque côté une tige semblable et immobile était placée assez près de la tige mobile, pour que le doigt ne pût pas s'appuyer sur cette dernière seulement.

Pendant qu'extérieurement on cherchait à ouvrir, M. Doussin avait facilement le temps d'entrer dans sa cachette.

On le chercha ainsi pendant plusieurs années, car, même la

(1) Cf. *Biographie saintongeaise*, par D. Rainguet (1851).

paix rétablie, il était absolument interdit par le Concordat à qui que ce fût d'ouvrir un oratoire sans autorisation préalable.

On le laissa tranquille par la suite et il put, tout à son aise, célébrer les saints offices. Personne cependant n'était admis dans sa chapelle qu'il n'eût promis auparavant de ne plus fréquenter l'Église catholique romaine.

Dans une chambre à côté de son bureau, se trouvent encore quelques vestiges de chapelle : une croix de Malte peinte sur un devant de cheminée qui devait être le devant de l'autel, et quelques étoiles dorées au plafond.

Quand il fut libre, il fit sa chapelle dans la chambre plus vaste et au rez-de-chaussée d'une autre maison assez retirée. C'est là, qu'à certaines époques de l'année, accouraient de partout des multitudes de partisans de *la petite Eglise*.

La tradition rapporte encore que pendant les poursuites opérées contre la duchesse de Berry, on fit des recherches chez M. Doussin dans la crainte que celui-ci ne procurât une retraite à la princesse. La police avait ordre d'arrêter le prieur lui-même. Mais celui-ci, toujours averti au moment du danger, sous le costume du maçon ou du menuisier, avec les instruments nécessaires à ces professions, venait se présenter lui-même aux gendarmes et leur répondait que M. Doussin était en effet à la maison ; puis, pendant qu'on faisait les perquisitions, il s'en allait plus loin chez l'un de ses partisans.

Il mourut en dehors de la véritable Église, le 16 mai 1843, à l'âge de 90 ans, et son corps fut inhumé dans le cimetière de Dompierre en présence d'une multitude de ses fidèles.

Sur sa tombe, on lit l'inscription suivante :

HIC JACET JACOBUS LUDOVICUS DOUSSIN VENERABILIS SACERDOS ; INVIOLATA FIDE NECNON CHARITATE CLARUS. NONAGINTA ANNOS NATUS OBIIT DIE DECIMO SEXTO MENSIS MAII, ANNO MILLESIMO OCTINGENTESIMO QUADRAGESIMO TERTIO.

CHAPITRE XIII

**Époque contemporaine. — M. Leconte, maire; Réouverture
et réparation de l'église; Adresse au premier Consul. —
La Révolution de 1830 et le curé Chabot. — Le canal de
Marans à La Rochelle et les ateliers de travaux forcés
de Belle-Croix. — Création de la commune de Puilboreau.
— Missions. — École religieuse de filles. — M. de Laroy,
maire.**

Dans les dernières années du xviiie siècle, les cérémonies
religieuses avaient été remplacées par des cérémonies civiles.
On voit, sur les actes signés par l'officier public et les témoins,
les noms de parrains et de marraines. Les prénoms donnés aux
enfants étaient choisis toute autre part que dans le calendrier
catholique. Nous relevons comme donnés aux garçons les noms
de mois, tels que Brumaire, Vendémiaire, etc., et aux filles,
ceux d'Egalité, de Carouille, etc.

Le xixe siècle commença sous de meilleurs auspices. Les
églises furent rouvertes, les prêtres fidèles revinrent dans les
paroisses. Les peuples sentirent d'autant plus le besoin de
recourir aux bienfaits de la religion qu'ils en avaient été privés
pendant longtemps. Nous avons vu comment M. Fillonneau,
en particulier, retrouva à Dompierre toutes les sympathies
d'autrefois.

∴

Les armées françaises étaient partout victorieuses, mais une
conséquence désastreuse des batailles se faisait sentir jusque
dans nos campagnes, qu'elles privaient de bras pour la culture.
Aussi n'est-il pas surprenant, dans une période de guerre si
longue, de voir les jeunes gens fatigués du service militaire
déserter leur poste et se cacher.

8

Pour obvier à ce grave inconvénient, on avait imaginé les garnisaires. C'étaient des soldats qui devaient être hébergés par les parents des jeunes gens regardés comme déserteurs, ou à leurs frais dans les auberges de la localité. Parmi eux, il s'en trouve qui se contentent de l'ordinaire des pauvres cultivateurs; mais d'autres exigent une demi-livre de viande par jour et du vin.

D'un autre côté, s'ils descendent chez les aubergistes et les cabaretiers, ceux-ci déclarent qu'ils « ont de la peine à les » admettre, et ils refusent même de donner la nourriture et le » coucher à ces militaires à raison de 20 sous par jour en » supposant qu'il leur revienne du vin et une demi-livre de » viande. Il est aisé de sentir, en effet, qu'au prix où sont » montées les denrées et avec la consommation que fait un » grenadier aux dépens d'autrui, le prix est un peu juste. » (Lettres manuscrites de Leconte, maire de Dompierre, au citoyen sous-préfet de La Rochelle.)

Veut-on connaitre la situation des campagnes au sujet des détachements de militaires ? Qu'on lise cette lettre du même Leconte, du 28 décembre 1800 :

« Citoyen sous préfet. Me voici enfin soulagé du détachement » de militaires venu à l'occasion des conscrits. Cela a fait » débourser 132 fr. à nos habitants outre la nourriture, sans » qu'aucun de ceux contre qui cette mesure avait lieu ayt été » recherché. Il a fallu un peu batailler pour le règlement de ce » qui revenait aux chefs. Le détachement composé de douze » soldats avait pour commandant *en chef* un brigadier de gen- » darmerie qui n'a point paru du tout, pour commandant *en* » *second*, un gendarme que je n'ai vu que le premier et le der- » nier jour, pour commandant *en troisième*, un sergent major » lequel aussi n'a paru que le premier et le dernier jour. Enfin » pour commandant effectif et réel un sergent ordinaire. Ils » demandaient, ou on demandait pour chacun d'eux 4 fr. par » jour. On s'est beaucoup récrié, lorsque j'ai cité l'arrêté du » préfet fixant les journées à 4 fr. pour la cavalerie et 2 fr. pour » l'infanterie. Le sergent-major prétendait devoir être compté » pour deux etc. etc. etc. Enfin, tout s'est calmé avec un peu de

» fermeté et à cette petite tentative près, je n'ai qu'à me louer
» du détachement.

» D'après ce que vous m'avez marqué le 26 frimaire (16 dé-
» cembre), je ne ferai aucune observation sur cette mission
» bizarre. Seulement je remarquerai qu'elle devient encore plus
» sans fruit du moment que l'on ne stimule pas les pères et mères
» de ceux qui ont passé au dépôt à l'île de Ré. Presque tous ces
» derniers sont revenus dans leurs foyers. Je l'entends dire
» vaguement de celui-ci, de celui-là ; mais vous sentez bien qu'on
» se garde de paraître devant le maire ; ainsi ce n'est qu'une
» note du général ou de son adjudant spécifiant ceux qui sont à
» leur poste qui peut servir de règle à cet égard. J'en ai écrit
» au général Gillibert, il ne m'a point fait de réponse. Je me
» tiendrai pour averti si on vient encore renouveler cette
» comédie. Salut et respect. »

Au sujet des conscrits, M. Leconte écrit encore :

« L'affaire des conscrits finira suivant les apparences. En
» attendant, il se passe peu de jours qu'elle ne me donne des
» amertumes. Vous connaissez le rapport d'après lequel le
» Général a pu me soupçonner de l'imbécillité de recéler un
» conscrit et de le faire paraître devant l'officier porteur d'une
» note où je déclarais ce conscrit absent. Aujourd'hui c'est le
» Cn Morel, commandant du dépôt à La Rochelle qui d'après les
» ordres du Général donne un congé de 4 décades à un autre
» conscrit et *m'enjoint sous ma responsabilité*, ou enjoint au
» maire de faire rejoindre ce conscrit aussitôt ce terme expiré.
» Citn s.-Préfet, vous savez que c'est vaincu par l'honnêteté de
» vos invitations que j'ai accepté la place que j'occupe. Mon âge,
» mes infirmités et les fonctions que j'avais remplies depuis la
» Révolution me donnaient le droit de réclamer *otium cum*
» *dignitate*. Je dévorerai les peines attachées au rôle que je
» remplis en ce moment et que vous ne m'aviez pas peint, à
» beaucoup près, tel qu'il est, mais je déclare hautement
» n'entendre recevoir aucun ordre que de vous. Le Cn Morel n'a
» aucun droit de me commander, rien non plus qu'aux autres
» maires ; il ne lui appartient en aucune façon de mettre quelque
» chose sous ma responsabilité. Son général, le ministre lui-

» même ne l'ont pas fait. Je me démettrais de ma place sur le
» champ si on le faisait. Il est plaisant qu'on veuille me rendre
» responsable de l'obéissance d'un conscrit..... »

La question des édifices communaux, relativement à leur entretien, était-elle mieux traitée?

« Dompierre, 4 brumaire l'an 9 (25 octobre 1800).

» Citⁿ s.-Préfet. Nous ne sommes pas plus avancés pour les
» réparations de notre clocher et des servitudes du presbytère
» que le premier jour que je vous ai écrit. Le Cⁿ Delhomme
» architecte de la régie du domaine est bien venu à Dompierre
» le 5 vendémiaire (26 sept.) voir le dégât. Il en a pris un état,
» mais rien jusqu'à présent ne s'est même commencé. J'ai su
» seulement par le Cⁿ Gazeau que de concert avec le Cⁿ Brie char-
» pentier de La Rochelle, ledit Cⁿ Delhomme avait formé un plan
» de réparations qui vous paraîtra assez singulier. Le corps de
» l'habitation ainsi qu'une assez grande cuisine avec quelques
» dégagements ont été bâtis il y a 28 ans par un curé encore
» vivant à Saintes. Les celliers et autres servitudes sont au
» contraire de très-vieux bâtiments dont les couvertures croulent
» en plusieurs endroits. Or, pour épargner à la régie des frais,
» l'architecte et le charpentier entendent découvrir cette cuisine
» neuve et solidement construite pour avec la charpente et les
» tuiles couvrir les celliers. Cette cuisine depuis la dispersion des
» prêtres sert de corps-de-garde à la garde nationale. C'est le
» seul endroit presque de l'ancienne cure où l'on soit à couvert.
» Il serait souverainement inconvenable de l'anéantir pour
» garantir pendant très peu de temps les celliers. Lorsque le
» Cⁿ Gazeau entendit parler de cet arrangement, il dit que la
» commune s'y opposerait. On lui répondit que c'était un bien
» national et que la commune n'y avait aucun droit.

» Il est vrai, Cⁿ s.-Préfet, que tout, même l'église et le clocher
» sont sous le main de la nation ; mais du moment qu'elle n'a
» pas encore vendu et aliéné cet objet, il reste aux habitants
» l'espoir de rentrer en jouissance de ces bâtiments. Ils ont
» donc une espèce de droit de s'opposer à leur destruction. Assez

» de ruines couvrent la France de tous côtés dans ce genre.
» Faut-il donc encore voir détruire des bâtiments utiles et
» solides uniquement pour fournir des matériaux destinés à la
» conservation de quelques autres moins bons et vieux, ou
» plutôt pour que la régie, faisant des recettes et point de
» dépenses, il en résulte une masse de produits plus considé-
» rables à répartir entre tous les agents de cette administration.'

» Je crois, Cⁿ s-Préfet, que si l'on veut comparer l'utilité de la
» cuisine d'un pauvre curé avec celle des celliers, le premier
» doit l'emporter surtout lorsque la cuisine intacte n'a besoin de
» rien et que le reste au contraire est dans le plus grand
» délabrement. »

Treize jours après M. Leconte écrit les lignes suivantes :

« Lorsque le Cⁿ Delhomme, architecte de la régie des domaines
» nationaux, vint ici il y a aujourd'hui 42 jours, il fut le premier
» à reconnaitre qu'un hangard assez étendu le long des bâti-
» ments de servitude de la cure ne tarderait pas à crouler.
» Cette chute a eu lieu en effet dans la matinée d'hier. Tout
» s'est écroulé et plusieurs centaines de tuiles qui couvraient ce
» hangard sont en morceaux entièrement cassées. On eût parfai-
» tement évité cette perte si,..... depuis la visite qu'a faite pour
» la régie l'architecte, on eût pris un parti par rapport à ce
» hangard ainsi que pour le surplus des bâtiments de servitude. »

Quant à l'établissement et à l'organisation des bureaux de
bienfaisance dans les campagnes, voici ce qu'il en dit :

« ...Je pense, Cⁿ, que vous jugerez comme moi que ma nomi-
» nation ne peut être comptée relativement à la place que
» j'occupe. Si le bureau de bienfaisance est dans le cas de rendre
» ses comptes à la municipalité, il répugne que ce soit devant
» un de ses propres membres. Celui-ci serait tout à la fois
» l'oyant et le rendant compte (1). Je ne vous fatiguerai point
» par les réflexions que fait naître en foule l'établissement de
» ces bureaux de bienfaisance dans les campagnes. La loi a
» prononcé, tout est dit ; mais vous savez comme moi, d'après

(1) A notre avis, M. Leconte se trompe. Le maire n'est pas la majorité
du conseil. Il peut très bien proposer ses comptes et s'effacer pendant
qu'on les discute.

» tous les auteurs anglais, que la taxe des pauvres qui s'élève à
» plus de 3 millions sterling a produit dans ce pays des pauvres
» sans fin. Qu'il me soit permis seulement de vous demander
» comment le ministre a pu mettre au nombre des questions
» qu'il fait, de lui donner l'évaluation des *aumônes et contri-*
» *butions volontaires.* Tartuffe seul *publie* qu'il va visiter les
» prisonniers. »

Une autre fois il refuse d'approuver les comptes qui lui sont
présentés, d'après lesquels on aurait consommé dans 17 mois
« pour 183 fr. de papier, plumes, encre, même en y mettant des
» canifs, grattoirs et tous les autres ustensiles de bureau, sans y
» oublier la poussière à jeter sur le papier, non plus que la colle
» pour afficher les placards ; et tout cela indépendamment de
» 21 fr. 10 répétés pour fournitures du même genre. » Il ne peut se
persuader qu'on ait pu « dépenser pour 109 fr. de bois et
» chandelle à travailler chez soi aux écritures de la commune. »

Quelque plaisir que nous éprouvions à mettre en lumière ce
beau caractère de M. Leconte, il faut nous borner. On ne lira
pourtant pas sans intérêt les deux extraits suivants de ses cahiers
de lettres au s.-Préfet de La Rochelle, le premier contenant une
adresse de la commune de Dompierre au premier consul, et le
second relatif aux fêtes religieuses qu'on l'invitait à joindre aux
fêtes civiles, à l'occasion de la proclamation de la paix du
9 février 1801.

1°

« Les maire, adjoints, membres du conseil municipal, du
» bureau de bienfaisance et habitants de la commune de
» Dompierre

« Au citoyen Premier Consul.

« Citoyen Premier Consul.

» Deux fois dans un court espace de temps, des monstres ont
» attaqué votre vie. Deux fois ils ont cherché à plonger la nation
» dans les horreurs de l'anarchie en nous privant des avantages
» du gouvernement actuel. Trop d'indices se réunissent pour

» méconnaitre la détestable source de pareils attentats ; mais en
» nous félicitant de vous voir échappé à de tels dangers nous ne
» pouvons songer sans effroi à cet acharnement contre votre
» personne et surtout aux moyens dignes de l'enfer employés
» pour réussir.

» Ce n'est point, citoyen Consul, pour les voir exposés aux
» malheurs dont les champs de bataille sont le théâtre, que nous
» avons des magistrats. Si votre grand cœur dédaigne ces périls,
» que le terrible évènement qui a consterné la France entière soit
» une leçon pour nos législateurs. Qu'ils voyent combien les lois
» actuelles offrent de moyens d'impunité aux scélérats dont
» notre sol est infesté et que soutient l'or étranger. La société
» entière réclame des moyens de répression capables d'assurer
» sa tranquillité. C'est le vœu de ceux qui vous assurent ici de
» leur attachement et qui sont avec dévouement et respect

» Vos concitoyens. »

.2°

« ... Nous n'avons ici ni autel, ni ministre, ni temple. Ce
» dernier [est converti] en magasin à foin. Dans cette position,
» placés sur les bords [des fleuves de Babylone] *quomodo*
» *cantabimus canticum Domini*. Je félicite [de tout cœur] le
» maire de Lagord d'avoir pu mêler les cérémonies religieuses
» aux cérémonies civiques pour célébrer la paix ; mais vous
» voyés [nous taisons] nos harpes et nos lyres sans que notre
» joie pour [cela ait] été moins vive (1). »

M. Leconte, on le voit, était profondément religieux.

Le 14 juillet 1801, on fut forcé de célébrer la fête en plein air,
puisque l'église était transformée en magasin à foin. On dressa
un autel champêtre entouré de feuillages de chêne, de lauriers et
de fleurs, sur lequel on avait placé le tableau du premier consul.
Le soir il y eut un feu de joie.

.·.

L'église avait enfin été rendue au culte en l'année 1802. Le

(1) Il est bien regrettable de voir tant de lacunes dans cette lettre.
Cependant il est facile de suppléer à ce qui manque.

·9 décembre, on nomma deux « fabriqueurs » : Jean Chaillé père, à l'unanimité, et André Bouyer.

Au sujet des places de bancs dans l'église, la majorité des citoyens ayant demandé qu'on leur conservât les mêmes places qu'ils avaient auparavant, disant qu'ils préféreraient n'en pas avoir « s'ils n'étaient maintenus dans les mêmes, » on accéda à leurs demandes. Quant aux places vacantes elles furent vendues aux enchères.

On suspendit dans l'église, pendant la même année, un navire donné en *ex-voto*. Dans ses flancs se trouve une note ainsi conçue : « En l'année 1803 : Ce navire fut donné par le sieur » Charriau pour l'accomplissement d'un vœu fait par lui, à la » mer, en 1785, à l'église de Dompierre, sa paroisse. »

« Au mois de juillet 1837 ayant été réparé aux frais et par les » soins de M. E. Bertrand, capitaine au long-cours, il a été » replacé sous le nom d'*Ange-Gardien* dans ladite église. »

La gelée qui persista en 1803 pendant quinze jours, fit un très grand dommage. On reconnut que 494 quartiers de vignes avaient souffert et on alloua aux propriétaires, pour chaque quartier, la somme de 1 fr. 2 deniers.

Les mauvais temps qui régnèrent en 1804 pendant la fleur du blé, causèrent des pertes considérables : elles furent de la moitié du rendement ordinaire, qu'on estimait à 11.250 fr. Il en fut de même en l'année 1806.

Aussi, plusieurs récoltes mauvaises n'avaient pas apporté la fortune au pays, à tel point que le conseil municipal, écrivant au préfet, le 10 mars 1811, déclarait que la misère était à son comble.

C'est pourquoi, le 29 septembre 1813, le maire voulut faire baisser le prix de la viande que les bouchers vendaient « sur le même pied qu'à La Rochelle ». « Considérant que les bouchers, » qui vendent leur viande dans les campagnes, peuvent et » doivent vendre leurs marchandises à un prix au-dessous de » ceux des bouchers de La Rochelle, puisqu'ils ne paient pas de » droits d'octroi, de tuerie et d'autres frais. Voulant pour le bien » des consommateurs faire cesser un pareil abus. Arrête, à » compter du 1er octobre prochain, tous les marchands bouchers

» vendant dans leur boutique, au marché ou autres lieux de
» cette commune, sont tenus de ne vendre leur viande qu'au
» prix fixé ci-après, savoir : la livré de bœuf et celle de veau en
» première qualité, poids métrique . . . . 30 centimes,
» celle de vache ou de mouton . . . . . 25 centimes. »

En 1807, pour avoir apporté un retard de 24 heures dans
l'envoi d'un document demandé par la préfecture, le maire
Piémont, au grand mécontentement général, fut révoqué de ses
fonctions. En vain la population établit-elle les qualités et les
services de ce magistrat, en vain supplia-t-elle le préfet de
revenir sur sa décision, M. Bernier fut nommé maire de Dompierre.

En quel triste état se trouvent alors les routes et en particulier
la grande route qui traverse le bourg ! « Cette route est unique,
» très fréquentée et battue par toutes sortes de voitures lourde-
» ment chargées. Ce pavé n'a été réparé depuis de longues
» années, il n'y reste guère que la moitié des cailloux épars çà
» et là, ce qui laisse de profondes cavités de distance en distance
» et expose les voyageurs, rouliers et autres à des accidents
» fréquents, coûteux et périlleux. Les accidents arrivés sous nos
» yeux nous engagent à prier l'administration de prendre cet
» objet en considération. Tous les ans on y fait des réparations,
» mais réparations que l'on ne peut appeler réparations, ce sont
» des pierres calcaires qui n'ont aucune consistance... Ces
» pierres sont en peu de jours broyées et réduites en poussière,
» ce qui est un inconvénient de plus pour les voyageurs et les
» habitants de la commune, rendant le chemin tout à fait
» impraticable dans l'hiver et dans le temps de pluie au point
» d'empêcher les habitants des hameaux à arriver saufs au chef-
» lieu qui est le lieu du culte. Pour remédier à un si grand
» inconvénient, les maire et membres du conseil désirent voir
» rétablir et réparer le pavé de la rue de Dompierre, seule et
» unique voie pour arriver de Paris à La Rochelle. »

En effet, la plupart des grands personnages qui visitèrent la
ville de La Rochelle sont passés par Dompierre.

Pour suivre l'ordre des dates, nous citerons: 1º la visite du duc
de Chartres, Louis-Philippe-Joseph d'Orléans, le 3 juillet 1775 ;

2° celle du comte d'Artois, le 26 mai 1777; 3° le 18 juin 1777, celle de Joseph II de Lorraine, empereur, frère de la reine de France; 4° Louis-Joseph de Bourbon, prince de Condé, et Louis-Henry-Joseph de Bourbon-Condé, duc de Bourbon, son fils, qui passèrent à Dompierre le 23 juin 1780.

« En août 1808, Napoléon, se rendant de Bayonne à Paris, n'avait pas mis La Rochelle sur son itinéraire ; mais il y vint sur les instances que la municipalité était allée lui faire à Saintes. » (Delayant, *Hist. des Rochelais*, t. II, page 283.)

L'empereur passa ensuite par Dompierre, où il entra dans l'église. Un vieillard presque centenaire était fier de nous raconter, il y a quelques années, qu'âgé de dix ans, il avait présenté, comme enfant de chœur, l'encensoir à M. le Curé pour encenser le monarque.

Le 9 mai 1824, le conseil municipal vote 21 fr. 85 qui avaient été « dépensés pour rendre à S. A. R. Madame la duchesse » d'Angoulème les honneurs qui lui étaient dûs et le témoignage » que tous les cœurs français lui sont dévoués, ainsi qu'à l'heu-» reuse famille des Bourbons. »

Le 13 octobre 1852, à 11 heures, Louis-Napoléon Bonaparte, alors président de la République, passa à Dompierre sous l'arc de triomphe dressé à l'entrée du bourg en son honneur. La part dè dépenses qui incomba à la commune s'éleva à la somme de 55 francs.

Les conseillers municipaux de Dompierre s'accommodent facilement de chaque changement de régime. Sous Louis XVIII, ils sont entièrement dévoués « à la cause du meilleur des rois et » disposés à faire les plus grands sacrifices pour alléger le » fardeau qui l'accable, et, voulant partager les peines et les » sollicitudes de ce monarque bienfaisant, ils font abandon au » gouvernement des fourrages de 1814, montant à la somme » de 435 fr. 75. »

En 1832, le conseil vote une adresse à Louis-Philippe, « le roi citoyen. » Les gardes nationaux, dissous plus tard par le roi en 1839, l'assurent de leur fidélité, prêts « à verser » jusqu'à la dernière goutte de leur sang pour la cause de Sa » Majesté. »

On est persuadé, en 1848, que la République doit « faire le bonheur de la nation. »

La Révolution de 1830 eut des partisans à Dompierre. Ils ne tarissaient pas d'éloges en son honneur. En 1833, en mémoire des journées de juillet, ils instituèrent des fêtes pour célébrer « une époque chère à tous les amis de l'ordre et de la liberté », et, désirant « y donner toute la splendeur compatible avec les ressources de la commune », ils firent distribuer 300 fr. de pain aux pauvres. Le corps municipal assista, ainsi que la garde nationale, à une messe solennelle. Le maire, en compagnie d'un délégué, avait même fait des démarches auprès de l'autorité ecclésiastique afin de faire chanter un *Te Deum*. Il passa la revue et on acheta pour 15 fr. de pièces d'artifice, qui furent tirées pendant le feu de joie.

A propos des démarches faites en cette occasion, on raconte que M. Chabot, alors curé, renvoya les délégués à l'évêché demander l'autorisation nécessaire pour chanter le *Te Deum*. Le délégué qui accompagnait le maire riposta qu'un autre 93 était arrivé et qu'on saurait mieux faire qu'à cette époque. Sur ces paroles injurieuses, M. Chabot fait ouvrir la porte de la cour du presbytère, saisit son farouche interlocuteur et l'envoie mordre sinon la poussière, du moins le gazon de la pelouse.

S'il y avait à Dompierre des fanatiques de la Révolution, l'on y comptait aussi de fervents chrétiens. Le 18 mars 1830, avait eu lieu, à l'issue d'une mission, la plantation d'une croix.

Un témoin de cette imposante manifestation, dans une note écrite au moment même, nous apprend que la procession sortit à 2 h. 3/4 par un beau temps. Monseigneur l'Evêque, escorté de vingt prêtres environ, présidait la cérémonie. A cette procession assistaient trois à quatre mille personnes. Cinq jeunes filles en blanc portaient à tour de rôle une bannière qu'elles avaient elles-mêmes offerte. Les porteurs, au nombre de 200, se relayaient par sections de 10. La cérémonie fut terminée à 5 h. 18. Le prédicateur qui monta dans la chaire qu'on avait dressée dans l'enceinte du calvaire fut M. Briand. Rien n'est oublié dans ce compte rendu, ni le nom des missionnaires arrivés à Dompierre en janvier 1830 : Ecarlat, de Laleu, chef de la mission ; Audoyet, de Salles ; Baudin, de Saint-Sauveur-de-Nuaillé ; Briand, de Saint-Pierre-et-Miquelon ; ni celui des ouvriers : Raoult, entrepreneur, qui exécuta le socle, et Bouvier, charpentier à La Rochelle, qui travailla la croix.

Cette mission fit un bien immense et les personnes qui y ont assisté en gardent encore aujourd'hui le plus précieux souvenir.

Une autre mission fut prêchée, en 1862, par deux lazaristes, MM. Le Vasseur et Béguin. La procession pour le rétablissement de la croix de 1830, qui était tombée de vétusté, fut également présidée par l'évêque de La Rochelle, au milieu d'une affluence considérable. On érigea alors une croix supportant un beau Christ, toujours debout sur le bord du chemin des Brandes.

De nos jours enfin, la troisième mission à Dompierre depuis le commencement du siècle a été prêchée par deux lazaristes, MM. Roux et Beaubois. Elle a duré du 8 au 29 novembre 1891 et a produit également un très grand bien.

⁖

Le grand travail de l'excavation du canal maritime qui devait relier La Rochelle à Niort par Marans date des premières années de ce siècle.

En 1811, l'Etat fit l'acquisition de l'ancien château Milan pour établir une caserne, dans laquelle ont été placés, au nombre variable de 500 à 800, les condamnés militaires (1). (*Statistique* par Gautier.) Cet immeuble contenait en outre un quartier pour la gendarmerie et les logements nécessaires aux divers agents et surveillants des travaux. (*Ibid.*) Désigné plus tard sous le nom d' « ateliers militaires de Belle-Croix », cet établissement est aujourd'hui en partie vendu, en partie détruit ; une autre

(1) Dans le recensement de 1831, le relevé de la population résidante portait le chiffre de 2,685 habitants et celui de la population flottante s'élevait à 33 gendarmes, 10 femmes et enfants de gendarmes et 329 condamnés aux travaux publics. Total 372. Un des gendarmes fut assassiné en 1836.

Tunnel du·Canal

portion est affectée au logement du cantonnier garde-magasin des ponts et chaussées.

L'abbé Joseph de Leyra fut aumônier de la chapelle de l'atelier des travaux publics de la Belle-Croix, en 1830; après lui, ce fut M. Labarre, curé de Dompierre.

Le travail, commencé aux deux extrémités, en était arrivé, en 1811, au pont de Chagnolet d'un côté, et en face des Grandes-Rivières de l'autre (1). Les ouvriers se rejoignirent au tunnel, qui fut percé en dernier lieu et achevé après 1850.

Mais ce travail, qui permettait d'établir des relations entre La Rochelle et Niort, offrait un grave inconvénient pour la contrée. Toutes les sources trouvant des débouchés en contre-bas étaient détournées de leur cours ordinaire. Les puits tarirent en grand nombre. On songea alors à obvier à ce mal, qui pouvait porter un si grand préjudice aux habitants, en faisant creuser sur la place publique, en l'année 1864, un puits de 30 mètres de profondeur qui donne une quantité d'eau suffisante pour tous les besoins publics, à l'aide d'une pompe aspirante et refoulante placée en 1868.

Une ordonnance royale du 28 janvier 1833 détacha la section de l'Ardillière de la commune de Dompierre pour l'annexer à la commune de Saint-Xandre, malgré les protestations des conseillers de Dompierre. Mais cette mesure donnait satisfaction aux réclamations plusieurs fois séculaires des habitants de Saint-Xandre et du village. (Voir *Monographie de Saint-Xandre*, par E. Tauzin. *Recueil de la Commission des arts*, octobre 1894 et janvier 1895.)

En septembre 1836, on acheva les murs de clôture d'un nouveau cimetière situé à plus de cent mètres de la dernière maison du bourg. L'ancien cimetière fut transformé en place publique, et dans sa partie sud-est on construisit une maison d'école, des halles et une mairie. Tous les ossements mis à

(1) Le ruisseau de Vaux, formé des sources du village des Grandes Rivières disparut complètement sous le tracé du canal.

découvert par les fouilles des fondations furent transportés dans le nouveau cimetière.

Le 2 novembre 1845, le conseil municipal fut appelé par M. le Préfet à émettre son avis sur la vente d'une maison située au bourg de Dompierre, en face de la petite porte de l'église (1), léguée par le testament de M. Fillonneau, ancien curé de la paroisse, à la Fabrique et au Séminaire de La Rochelle. L'avis fut favorable et la maison vendue au profit des deux établissements intéressés.

Une maison adossée à l'église, dans l'emplacement compris entre le mur du midi, la route et le clocher, fut la cause de bien des ennuis pour la Fabrique. Celle-ci percevait autrefois d'une maison bâtie sur ce terrain par le sieur Duffay et occupée par le sieur Jacques Suire, tailleur, une rente de cinq francs. Mais en 1778, la maison fut rasée et les matériaux enlevés. La Fabrique ayant donné une somme de cent cinquante livres, put jouir de cet emplacement. En 1822, les membres de la Fabrique, regrettant de ne plus recevoir la rente, décidèrent de louer le terrain moyennant la même rente annuelle de cinq francs, mais à la condition que la rente des trente et une années écoulées, se montant à cent cinquante-cinq francs, serait donnée par le locataire au moment de sa prise de possession. On convint, à certaines conditions toutefois, que le locataire pourrait bâtir.

Mais alors commencèrent les difficultés. En effet, le locataire se crut propriétaire à cause de la somme versée et agit comme tel.

En 1868, la Fabrique s'empressa de racheter ce terrain et la maison (qu'on démolit aussitôt), moyennant la somme de trois cent soixante francs. En 1891, elle fit clore cet emplacement par un petit mur surmonté d'une grille placée l'année suivante.

(1) Voici une note relative à cette maison, que nous trouvons sur le dos d'un vieux titre : « Titre concernant la vente faite le 25 mars 1600 par
» Etienne Aultret à M' Isaac Lezin, notaire à Dompierre, d'une place et
» mazure située audit bourg, confrontant à un de ses côtés au chemin qui
» conduit de l'église au treuil Maquin. L'acte est passé par Dougnet.
» Nota. — Ce fut sur ce terrain que le sieur Pierre Leconte a eu ses
» celliers et la maison de son bordier. C'est aujourd'hui la maison *du*
» *Croissant*, située vis-à-vis de la petite porte de l'église (1775.) »

Après l'Ardillière, ce fut le village de Puilboreau qui demanda à être détaché de Dompierre, afin de former une commune indépendante. Le conseil municipal rejeta par seize voix contre trois la proposition de quelques habitants de Puilboreau, car la plupart des habitants de cette section préféraient faire partie de Dompierre.

Après bien des pourparlers, qui durèrent plusieurs années, Dompierre fut obligé de céder à la loi du 21 mai 1858, qui lui enlevait 710 habitants et 360 hectares pour ne donner comme compensation que 200 hectares et 70 habitants.

La commune de Dompierre demanda, en 1861, que la ligne du chemin de fer de Nantes à Coutras passât par La Rochelle. Elle demanda ensuite, au sujet de la station de Dompierre, que la gare fût établie à Grolleau, à la Mare, ou au pont de Belle-Croix. Le ministre désigna Grolleau, mais la Compagnie obtint le consentement du conseil municipal pour la placer sur le tunnel.

Pendant la guerre de 1870, le camp de La Rochelle fut établi sur le territoire de Dompierre, à la Pinaudière, et y demeura quelques mois seulement. Le conseil communal, appelé à donner son avis, représenta que le territoire de Dompierre, par la nature de son sol, ses conditions agricoles et vignobles, ne pouvait se prêter aux exercices d'un champ de manœuvres.

Une Société philanthropique fut instituée en 1850, un bureau de bienfaisance à peu près à la même époque.

Un bureau de recette des postes fut créé le 1er décembre 1872 (1). Un courrier spécial et l'emprunt du courrier de Courçon, avec deux facteurs, l'un pour Dompierre, l'autre pour Saint-Ouen (2), devaient desservir ces deux communes.

(1) En 1823, le service était fait par le sieur Lhermite, Louis-Simon, qui était en même temps instituteur et receveur buraliste des contributions indirectes. Cet agent devait se charger d'aller *chaque samedi* au bureau principal des postes aux lettres de La Rochelle à l'effet d'y retirer tous les objets à destination de Dompierre. (La mention tous les samedis a été rayée du procès-verbal. Devait-il y aller plus souvent ?)

(2) Le service de Saint-Ouen est fait par Andilly depuis la création d'un bureau dans cette localité.

En novembre 1888, on établit ainsi la situation financière de Dompierre comparée à celle des communes voisines : « Revenu, 1.254 fr. Budget, 16.615 fr. 68. Valeur des centimes, 118 fr. 91. Centimes extraordinaires, 0 fr. 33, exceptionnellement et pour 4 années seulement 0 fr. 43.

« Moyenne de l'arrondissement, 0 fr. 55. Angoulins, 0 fr. 55. Aytré, 0 fr. 35. Lagord, 0 fr. 31. Périgny, 0 fr. 50. Puilboreau, 0 fr. 55. »

L'année 1889 vit supprimer l'étude de notaire, malgré le vœu de la population.

Après bien des difficultés, la commune de Dompierre fut dotée d'une école religieuse tenue par les sœurs de Mormaison (Vendée). Le 15 octobre 1893, on en fit l'inauguration solennelle au milieu d'une foule considérable et sympathique.

M. Fillonneau, jadis curé de la paroisse, avait fait, vers l'année 1820, l'acquisition d'uue maison destinée à cette œuvre.

Mais bientôt son projet s'évanouit et l'immeuble devint plus tard la résidence des notaires. A la suppression de l'étude, il fut vendu et, par un concours de circonstances providentielles, acheté pour remplir le but primitif, c'est-à-dire pour devenir maison d'école religieuse, au grand contentement de la population catholique.

Nous nous faisons l'interprète de cette population en remerciant ici les personnes généreuses qui nous ont aidé de leur bourse et de leurs conseils dans la réussite de cette entreprise.

Mais parmi tous nos bienfaiteurs, on nous permettra de distinguer, d'une manière toute particulière, celui à qui nous devons surtout notre œuvre. Nous ne saurions trop témoigner notre vive et sincère gratitude à M. de Laroy, maire, qui a été pour nous un conseiller et un ami si obligeant.

Nous ne ferons pas l'éloge de ce magistrat intègre ; ses œuvres multiples parleront mieux que nous.

Pendant près de cinquante ans, la commune de Dompierre eut l'honneur et la bonne fortune de l'avoir comme administrateur.

— Tous les maires qui se sont succédé dans cette commune ont acquis des droits à l'estime publique. Mais en raison de la longue vie que Dieu a accordée à M. de Laroy, la population gardera toujours la mémoire de ce magistrat, qui fut serviable pour tous indistinctement.

S'il n'avait dépendu que de ses administrés, M. de Laroy depuis longtemps eût reçu en récompense la croix de la Légion d'honneur. Nous en avons comme preuve la pétition-supplique adressée en 1878, à ce sujet, par tous les habitants de Dompierre, approuvée par les maires de toutes les communes du canton et appuyée par l'autorité de M. le Préfet de la Charente-Inférieure. Mais M. de Marcère, alors ministre de l'intérieur, ne répondit que par la promesse de prendre bonne note de cette supplique.

Le *Courrier de La Rochelle* lui-même, quoique ne partageant pas les opinions politiques du maire de Dompierre, écrivait à cette époque « qu'il verrait dans la nomination de M. de Laroy » une juste récompense du dévouement et de l'habileté avec » lesquels il a exercé les fonctions de maire pendant tant » d'années. »

Douze ans plus tard, à l'occasion du passage à La Rochelle de M. Carnot, président de la République, on aurait pu penser que les droits de M. de Laroy seraient reconnus. Il en fut dans cette circonstance comme dans tant d'autres.

Mais nous conserverons toujours de cet insigne bienfaiteur, que la mort nous a ravi au début de l'année dernière 1895 (1), le plus vif souvenir.

Nous ne pourrions d'ailleurs mieux terminer notre étude que par cet extrait d'un article paru dans un journal de La Rochelle deux jours après la mort de notre regretté maire (2).

« Le vénérable maire de Dompierre, M. de Laroy, vient de » mourir, succombant à une grave maladie vaillamment sup- » portée. M. de Laroy était, nous assure-t-on, le plus ancien » maire de France. Agé de 85 ans, il administrait hier encore sa

(1) M. de Laroy est décédé le 28 janvier 1895, à Noyant (Maine-et-Loire), où l'avait appelé l'état de sa santé, et fut inhumé à La Rochelle, le 31 janvier.
(2) *Echo rochelais*, numéro du mercredi 30 janvier 1895.

» commune avec un dévouement et une activité que rien ne
» pouvait décourager. '

» S'il n'avait pas eu, aux yeux des gouvernants, le tort
» d'être resté fidèle aux convictions politiques de toute sa vie,
» M. de Laroy aurait été fait chevalier de la Légion d'honneur
» depuis bien longtemps déjà... M. de Laroy fut un de ces
» hommes d'élite qui tiennent pour impérieux et inéluctable
» le devoir de se consacrer au service de la chose publique,
» quand ils y sont conviés par l'estime et l'affection de leurs
» concitoyens.....

» .... La commune de Dompierre perd en lui un chef, un
» ami, un bienfaiteur ; sa mémoire y restera toujours vénérée. »

Dompierre-sur-Mer, 8 mars 1896.

LISTES

—

Seigneurs de la Tourtelière ou Tourtilière

1499. Louis de Dailhon abandonne à Jehan Mérichon sa terre de la Tourtelière contre 35 écus d'or de rente. — 1539. Jehan Demirande (*aliàs* de Mirande), noble homme. — 1619. Madeleine Geoffroy, épouse Jehan du Fort, chevalier. — 1632-1661. En 1632, des déclarations de biens sont fournies au seigneur de la Tourtilière ou Dompierre. En 1661, lors du partage entre Madeleine de Polignac et ses sœurs, il est dit, en effet, que le bien de la Tourtilière est un acquêt de Suzanne Geoffroy, leur mère. — 1699. Le 24 juin 1699, cette terre est acquise par acte passé devant Debeauchamp, notaire royal à La Rochelle, du sieur Pierre Dinet, marchand, par Me Pierre Texier, procureur au siège présidial de La Rochelle. Elle passa plus tard par héritage aux mains de la fille de ce dernier, épouse de Me Simon Billaud, avocat. — 1783. La dame Catherine-Bénigne Billaud, épouse de Mre Louis Le Blanc de Montlebourg, écuyer, ancien capitaine d'infanterie, chevalier de l'ordre royal et militaire de Saint Louis, la donna en contrat de mariage à sa fille Marie-Jeanne-Julie, qui épousa le Sr Rougier du Payaud (Jean-François-Louis), le 24 avril 1783. — 1784. L'année suivante (26 janvier), Mre Rougier, écuyer, garde-du-corps du roi en la 1re compagnie française, et Dlle Marie-Jeanne-Julie Le Blanc de Montlebourg, son épouse, demeurant à la maison de la Tourtilière, paroisse de Dompierre en Aunis, arrentent à Mre Amable Lessenne (1), écuyer, président-trésorier de France au bureau des finances et chambre du domaine de la généralité de La Rochelle, cette même maison de la Tourtilière avec ses dépendances, « droits de cens, rentes, devoirs de fruits, à la charge par Mre Lessenne de payer : 1o 3 livres de rente foncière qui paraît être due chacun an et terme de St Michel à Messieurs les Prêtres de l'Oratoire de cette ville, à cause de leur prieuré St-Jean Dhéors ; 2o 19 livres 14 sous 4 deniers en argent, 12 boisseaux d'avoine et une livre de cire jaune, le tout de cens et devoir noble dû tous les ans au terme de la Toussaint à la seigneurie de Dompierre ; 3o le présent arrentement fait moyennant la somme de 1200 livres de rente foncière au principal de 27000 livres. Et afin que la propriété puisse toujours produire une rente de 1200 livres, Mre Lessenne est obligé d'employer, dans le cours de 5 ans, une somme de 18000 livres tant à faire bâtir une autre maison de maître et servitudes audit lieu de la Tourtilière, celle qui existe tombant en ruines, qu'à améliorer et augmenter les domaines et bois qui sont dans un état de dégradation, en telle sorte que le tout soit toujours dans le cas de supporter la rente de douze cents livres (2). »

(1) Mre Lessenne, natif de la paroisse de N.-D. des Anges de Louis-Bourg en l'Isle Royale, se maria en 1789.

(2) La maison fut rebâtie, en effet, par Mre Lessenne sur le plan de celle de Candé, aujourd'hui détruite.

La propriété de la Tourtilière fut cédée le 29 mai 1815, par Mre Lessenne au sieur Brisson, qui la vendit à Mr Louis-Philippe Angibaud, le 3 novembre 1821. Enfin M. Hilaire Renaud, négociant, acheta ce domaine, le 23 octobre 1824. Cette propriété est aujourd'hui entre les mains de ses enfants. (Titres appartenant à M. Renaud, de la Tourtilière.)

Propriétaires de la Petite-Vieille-Fromagère

La maison et borderie de la Petite-Vieille-Fromagère fut donnée à Loup Godard par la D^elle Lamothe, sa première femme, par testament olographe du 1er mai 1735.

Loup Godard, garde d'artillerie au fort Lupin, la légua, par un contrat passé devant Me Crassous, le 13 avril 1740, à Mre Honoré Deyssautier, écuyer, ancien président-trésorier de France au bureau des finances et chambre du domaine de la généralité de La Rochelle.

Mre Charles de Saintours, chevalier de Lussac et chevalier de l'ordre militaire et hospitalier de N.-D. du Mont Carmel et de St Lazare, officier au régiment de Picardie, la vendit à Louis Deverdal, le 5 décembre 1771.

Louis Deverdal, écuyer, sieur de Lestang, chevalier de l'ordre royal militaire de St Louis, ancien capitaine d'infanterie, et dame Thérèse-Suzanne Chevallier, son épouse, la vendirent, le 25 octobre 1773, à Jacques Bonnin, farinier au moulin de la Petite-Motte, paroisse de Dompierre, moyennant la somme de 7.548 livres.

Cette propriété appartient aujourd'hui à M. Renaud et se trouve englobée, comme le domaine de la Tourtilière, dans la commune de Puilboreau.

Seigneurs de la Péraudière ou Pinaudière

1637. Germain Girard, Sr de la Pinaudière (registres des catholiques). — 1649. Jehan Boullay, marchand à Nantes (d'après un registre du présidial). — 1689-1714. Mre Jean-François Bourdon, écuyer, seigneur d'Ombourg et de la Pinaudière. — 1728. François Bourdon, fils du précédent. Jeanne Jeannier, veuve du sieur Simon-Pierre Denis, écuyer, seigneur de Bonnaventure, demeurant à La Rochelle, tutrice et curatrice de son petit-fils. — 1730. Etienne-François alias Charles Lemoyne, écuyer, conseiller secrétaire du roi. — 1764. Etienne-Charles-Antoine Lemoyne de Beaumarchais, seigneur de la châtellenie de Beaumarchais et des terres et seigneuries de La Chaise, la Gerbaudière et Letablier, écuyer de main de Madame Adélaïde de France, capitaine au régiment royal-cavalerie, chevalier de l'ordre royal et militaire de Saint Louis, demeurant ordinairement à Versailles, héritier unique de défunt Etienne-Charles Lemoyne, son père, vendit le domaine de la Pinaudière à Etienne Belin, négociant, moyennant une rente foncière de 1.600 livres. — 1789. Pendant la Révolution et jusqu'en 1807, Etienne Van Hoogwerff fut le propriétaire de ce domaine qu'il vendit aux suivants. — 1807. Jacques-Auguste Filleau, négociant, et Henriette-Pauline Garreau, son épouse. — 1821. Joseph Besson et Marie-Anne Gourmand. — 1833. Aimé Péraud, député de la Vendée.

Cette propriété a successivement appartenu depuis à MM. Pavie, Genest, de Lisleferme, Ridier, Gon, Le Provost de Launay et Normandin.

Seigneurs de la Motte

1520-1521. Jean Danyel et Huguette de Fourest. Hommages à Marie Furgon. — 1580. Louis Massiot, seigneur de la Motte et des Bugaudières. — 1607. Jean Massiot, 2ᵉ fils du précédent. — 1637. Jean Massiot, fils de Jean qui précède; acquit, en 1701, des héritiers Guionneau, la seigneurie du Treuil-Maquin. — 1711. Richard Massiot, écuyer, seigneur de la Motte-Cajat, des Bugaudières et du Treuil-Maquin, commissaire ordonnateur de la marine du port de La Rochelle. — 1735. Louise Massiot de la Motte, mariée à Christophe de Rosset, chevalier, seigneur du Plessis, natif du Sénonais, lieutenant de vaisseau du roi à Rochefort, chevalier de Saint Louis. — Avant 1768. Marie-Louise Massiot de la Motte, mariée à René-Pierre de la Maisonneuve, sieur de Venours, qui était veuf en 1768. — 1775. Paul-René-Joseph-Auguste de la Maisonneuve, resté seul propriétaire de la Motte par licitation.

Le château de la Motte, qui possédait une chapelle, fut entièrement rasé pendant la Révolution. Quand M. Garreau l'eut acquis, sous le 1ᵉʳ Empire, il fut rebâti tel qu'on le voit aujourd'hui. Il a été possédé depuis par M. Genest, docteur-médecin. Le propriétaire actuel est M. Laxhal.

Seigneurs du château Milan (1)

1300. Une pièce de vigne dite Chasteau-Millant est citée en 1300. — Avant 1672. Benjamin Bernon, écuyer, sieur de Puyrideau. — Depuis 1672. Les religieux de la Charité de l'hôpital Saint-Barthélemy de La Rochelle, qui avaient acheté de Benjamin Bernon. — 179.. Le propriétaire du château Milan, pendant la Révolution, était M. Quinement, qui fut maire avant les Cent-Jours.

Acquise par l'État en 1811 pour les besoins des travaux du canal, cette propriété servit au dépôt des condamnés employés à ces travaux. Une partie est encore affectée au service des ponts et chaussées.

Seigneurs de Grolleau

1601. Jacques Hérault. — Avant 1704. Jacques-Bernard Sauvestre de Clisson, chevalier. — 1704. Charles-Bernard-Xavier Sauvestre de Clisson, qui vendit au suivant en 1713. — 1713. Louis Torterue-Bonneau, négociant à La Rochelle, fils de Nicolas Bonneau et de Jeanne Torterue. Syndic de la Chambre de commerce de La Rochelle en 1719. — Avant 1749. Louis Torterue-Bonneau, fils du précédent. — 1749-1788. Louis Torterue-Bonneau, fils de ce dernier.

Seigneurs de Maubec

1630. Pierre Bouchet, écuyer. — 1660. Pierre Bouchet, écuyer, fils du précédent. — 1690. Adrien Bouchet, qui, par contrat du 18 juillet 1691,

(1) La seigneurie du château Milan avait droit de justice, haute, moyenne et basse.

prit l'engagement du petit fief de Chagnolet, et en 1697 celui du bailliage du même nom. — Avant 1719. Marianne Tuffet, épouse de Claude Le Mastin, seigneur de Nuaillé. — 1719. Charles de Chambault de Fleury, écuyer, capitaine général garde côte de Marans (*aliàs* Châtelaillon), acheta la maison noble de Maubec de Marianne Tuffet. — 1740. Gabriel-Marie-Louis de Loynes de la Coudraye, sieur de Maubec, y demeurant en 1740, époux de Marie de Fleury. — 1775. Gabriel-Simon-Léger-Germain-Justin de Loynes, chevalier, Sr de la Marzelle. — 1780. Mgr François-Joseph-Emmanuel de Crussol d'Uzès, évêque de La Rochelle; acquit du précédent, en 1780, au prix de 40.000 livres.

Seigneurs de la Rivière de Dompierre et de la Rivière de Vaux

Après 1372. Aimeri Rechin et Marguerite Brune, sa femme, dame de la Rivière de Dompierre. Hommage à Chaudrier. — 1485. Pierre Langlois, sieur d'Angliers et de Coulonges-sur-Charente, seigneur de la Rivière et de Boissant. Hommage à Jean de Mareuil pour la terre de la Rivière. Rendit aussi aveu et dénombrement à Marie Furgon, en déclarant avoir droit de justice moyenne et basse au devoir « d'uns esperons dorez abonnys à vingts solz. » — Avant 1450. Jean, seigneur de Vaux, marié à Marie du Mortier. — 1450. Montalembert (Louis de), écuyer, fils de Méry et de Fortunée du Puy-du-Fou, seigneur de la Rivière; épousa, le 20 février 1450, Jeanne de Vaux, fille unique de Jean, seigneur de Vaux. Rendit aveu au seigneur de la Gremenaudière en 1477, pour la maison de la Rivière près Dompierre. Se trouva à la conquête de la Guyenne et à la bataille de Castillon. — 1491. Montalembert (Jacques de), fils du précédent, écuyer, seigneur de Vaux et la Rivière. Marié à Jeanne du Bouchet en 1476. Rendit, en 1492-1501, hommage pour la partie de la terre de la Rivière-sous-Dompierre relevant du château de Dompierre; rendit aussi hommage au seigneur de la Gremenaudière. — 1516. Montalembert (Jacques de), fils du précédent, seigneur de Vaux, la Rivière, etc... Rendit hommage au seigneur de la Gremenaudière, en 1516, pour la terre de la Rivière-sous-Dompierre; vivait encore en 1543; marié à Marguerite de Limoges. Ce second Jacques de Montalembert paraît être le même qui est prénommé Michel dans plusieurs actes conservés à la Bibliothèque de La Rochelle et qui rendit hommage à Marie Furgon, le 30 juin 1523, pour la seigneurie de la Rivière de Vaux. MM. Beauchet-Filleau et de Chergé, à qui nous empruntons partie des renseignements ci-dessus, ne font nullement mention de Michel de Montalembert. — 1532. Aymery Chauvet, « licencié ès droits », et Robine Texier, sa femme, acquirent « la terre de la Rivière-soubz-Dompierre, appelée la Rivière de Vaux » de Michel de Montalembert (1), le 15 mars 1532. Ils rendirent déclaration au roi de cette terre et l'estimèrent à une valeur de « cent à six vingts livres tournois de rente. » « En laquelle
» terre et seigneurie est logis. Et y a une préclousture de jardrins et
» garenne et quelques prez et boys de serpe, y a hommes couchans et
» levans subiectz au four à ban, cens ou d'autres, complants et terrages. .

---

(1) La branche de Vaux de la famille de Montalembert est éteinte; mais le titre de Vaux fut porté par elle, même après l'aliénation de cette terre. MM. Beauchet-Filleau et de Chergé laisseraient croire que la seigneurie resta dans la famille de Montalembert jusqu'au xvııı^e siècle. L'aliénation de 1532 prouve le contraire.

» Lesd. logis et préclousture de garenne, partie est tenu... de maistre
» Jehan Lesvesque, escuyer, à cause de sa seigneurie de la Grémenau-
» dière, avec aucuns des tenemens desd. hommes couchans et levans ; et
» partie de lad. garenne et fiefs... de Claude Geoffroy, escuyer, à cause de
» sa seigneurie et chastellanye de Dompierre, et partie dud. Geoffroy, à
» cause de sa seigneurie de Boissans. Et partie desd. fiefs sont tenus de
» Achillay ? Parthenay et demoiselle Jacquette du Puy du Fou, seigneur
» et dame de la baronnye de Nuaillé. » (Le logis de Vaux était situé près
du village des Rivières, sur le ruisseau de Vaux). Sous le même dénombrement figurent le fief de Margorie, tenu par Jehanne Girard, le fief de
Fontorn, le fief Porchereau *alias* Tueloup, etc... — 1582. Jehanne
Chauvet, veuve de Louis Guibert, en son vivant conseiller au présidial de
La Rochelle, rend hommage au seigneur de la Grémenaudière, tant en
son nom personnel qu'en celui de Jacques Chauvet, son frère. — 1618.
Catherine Chauvet. — 1578. Charles Geoffroy, seigneur de Dompierre,
est appelé seigneur de la Rivière. Marie Furgon avait pris le même titre
en 1503. — Après 1639 (?) Pierre Barbot, écuyer, seigneur des Rivières, né
en 1639, fils de Jehan, seigneur de Buzay et du Treuil-Gras. — 1710 (?)
Griffon, seigneur des Rivières. — 1749. Le 19 juin, Pierre de Cambray,
directeur général des aides à La Rochelle, vend la maison appelée la
Rivière à Marguerite Boucher, veuve Labbé. La dame Boucher déclare sa
maison des Rivières au seigneur de Dompierre, la même année.

Seigneurs du petit fief Le Roy

1489. Jacques de Belleville tenait de la libéralité du roi le petit fief Le
Roy. — 1561. Le 22 mai 1561, Louise de Montbron le vend à Charles
Geoffroy, pour 1.200 livres tournois. Ce dernier le donne en ferme à Jean
Berthelot, marchand à Tonnay-Charente, en 1567.

Seigneurs de La Gabardelière et du fief Griffier

Le 31 août 1375. Guillaume de Saint-Simon ; hommage pour le fief
Griffier. — Le 10 juillet 1564, Johan Benignon vend à Jonachin Deblys
les fiefs de La Gabardelière et Griffier pour 50 livres tournois de rente.
On sait que le fief Griffier appartenait à l'abbaye de Saint-Léonard en
1489. — En 1578, le fief de La Gabardelière était dans la succession de
Charles Geoffroy.

Seigneurs de Chagnolet (petit fief et bailliage)

1492. Gilles Croizat, engagiste du bailliage en 1492, pour 2 années,
moyennant 20 livres. (Biblioth. de La Rochelle, Mss. 115, page 34.). —
1541. Mathurin Barbot, sieur de Chaignollet, paraît avoir fondé la chapellenie de Notre-Dame-de-Nazareth, consistant en une messe par semaine
dans la chapelle. (Biblioth. de La Rochelle, Mss. 123, f° 134.). — 1548.
François du Jau, sieur de Chagnolet et de Trésevaulx, paroisse de Dompierre. — 1567-86. Jacques Guibert, marchand et bourgeois de La Rochelle,
pair en 1572, seigneur de Chagnolet. — Avant 1628. Jehan Guibert, fils du
précédent, pair en 1592. — 1670. « La demoiselle de Chagnolet » est citée

dans un acte. — 1691. Adrien Bouchet, prit, le 18 juillet 1691, l'engagement du petit fief de Chagnolet, pour 75 livres de rente et 1.500 livres en numéraire. — 1742. Revente du petit fief de Chagnolet au sieur Prévost, le 5 juillet 1742, moyennant 125 livres de rente et le remboursement des 1.500 livres au précédent engagiste. — 17... Alexandre-César *aliàs* Louis-Auguste-César de Seguin, écuyer, *aliàs* chevalier, capitaine d'infanterie au régiment de Vivarais, époux de Catherine-Julie de la Maignère. — (A une date incertaine). M. de Cherbaye (Cherbey) reçut l'engagement du bailliage de Chagnolet pour 990 livres de finance, à foi et hommage. — 1695. Jean Thomas, engagiste du bailliage, le 18 mars 1695, pour 93 livres de rente et le prix de l'ancien engagement. — 1697. Adrien Bouchet *suprà* prit l'engagement du bailliage le 21 octobre 1697. — 1705. André Gresseau, écuyer, Sr de St-Benoît et du petit bailliage de Chagnolet. — 17... Adrien-Jacques Gresseau, écuyer, engagiste du bailliage. — 1788. Ami-Félix Bridault, médecin, écuyer, membre de l'Académie de La Rochelle, acquit le 27 juin 1788, de la veuve Gresseau, la seigneurie du petit bailliage de Chagnolet.

.
. .

Prieurs et Curés de Dompierre

L'abbé de Maillezais (plus tard l'évêque) était prieur du Petit Maillezais à Dompierre. Il était, à l'origine, représenté par plusieurs religieux de l'ordre, qui vivaient à Dompierre selon la règle monastique. Un chapelain, recteur ou curé, faisait le service de la paroisse avec l'aide d'un vicaire. Il devait (en 1776) un poulet pour le cens de la cure, payable au prieuré.

1418. Pierre Viaud, prêtre desservant en l'église de Dompierre. — 1437. Frère Jean Gartet, religieux de Maillezais. — 14... Messire Mathieu de Razelle, prêtre séculier, fermier du prieuré. — 1470 environ. Frère Hillairet Bellet, prieur fermier, religieux de Maillezais ; décédé vers 1508, après avoir résidé pendant une quarantaine d'années à Dompierre. — 1508. Mre Mathurin Bonnault, fermier receveur du prieuré. — 1511. Jehan Dorin et autres prêtres, sous-fermiers de Maillezais. — 1544. Bertrand Duret, vicaire. — 1533-1534. Pierre Boutin, prêtre à Dompierre, prit à ferme le prieuré. — 1549. Mre Hugues de la Forge, vicaire de Dompierre. — 1549. Messire Jehan Gabouril, messire Nycollas Gracian, messire Jehan Bouhereau, prêtres. — 1558. Jean Mariteau, fermier du prieuré, le donne en sous-ferme à Hugues Duret pour cinq années. — Avant 1625. Jehan Geoffroy, curé, décédé en 1625. — 1625-1628. Vacance de 3 années pendant lesquelles le service de la paroisse est fait par un Père Cordelier de Lafond. — 1628-1633. René Mareau, curé. — 1633-1656. Jacques Bobiet, né à Saint-Varant, nommé curé de Dompierre à l'âge de 27 ans. Bénéficiaire de la chapelle de Boucaret, en sa paroisse natale, il devait à ce titre 3 messes par semaine. Dans son testament, il légua six vingts livres à la Confrérie de Notre-Dame, érigée dans la même paroisse de Saint-Varant, pour l'achat d'un calice d'argent et le surplus devant être donné aux pauvres. Il laissa à la Fabrique de Dompierre le pré qu'il possédait, à la charge de faire célébrer quatre messes par an. Il mourut à Dompierre, le 25 avril 1661. — *Vicaires* : Urbain Thourauld, 1650-1651. — Benoist, quelques mois de l'année 1651. — Thomas, du diocèse de Rennes, 12 novembre 1651 - 29 septembre 1657.

1656-1694. Jean-Baptiste de Vallant, né à La Flotte (île de Ré), remplaça, en 1656, Mre Bobiet, retiré du ministère. Il était âgé de 25 ans; devint chanoine et syndic du clergé, en 1682. Il mourut âgé de 69 ans, après avoir reçu le Viatique, le 28 avril 1694, en la ville de La Rochelle; fut enterré à Dompierre, le lendemain 29 avril. — *Vicaires* : Thomas, jusqu'au 29 septembre 1657. — Legraveren, 20 octobre 1657-4 septembre 1661. — Mestayer, 4 décembre 1663 - 7 décembre 1664 (nommé curé de Nieul). — Dubois, 3 mars 1667 - 19 juin suivant. — Pelletier, 5 novembre 1667 - 2 juin 1668. — Rozet, 28 juillet 1680 - 5 mai 1684. Pendant les deux dernières années, il signa « chanoine de l'église de La Rochelle *cum consensu Parochi* ». — Garnier, 30 juillet 1684-9 mars 1687. — Auguin, 25 mars 1687 - 28 janvier 1694 (nommé curé de Bourgneuf).

1694-1707. Louis Micheau, de La Rochelle, devenu prieur de Lagord. — *Vicaires:* Clément, 29 avril 1694 - mars 1695. — Audebal, 16 mars-26 mai 1695. — Limouzin, 6 juin 1695-15 septembre 1697. — Rabous, 29 septembre 1697 - 26 janvier 1700. — Hubert, 4 avril 1700 - 23 avril 1702.

1707-1728. Pierre Ridasse, de Nieul, prieur de Lagord, permuta avec Mre Micheau. Il était âgé de 42 ans, quand il arriva à Dompierre; prêtre retiré en 1728, il demeura à Dompierre jusqu'à sa mort (septembre 1742). — *Vicaires* : Joüot, 14 juin 1707-9 février 1708. — Baty, 19 avril - 12 septembre 1708. — Gaspard Thiers, 17 octobre 1708 - 30 octobre 1709. — Desplanques, 12 janvier 1710 - 21 décembre 1711. — Poupelin, 18 mars-30 octobre 1712. — Auré, 21 décembre 1712 - 9 décembre 1714 (devenu vicaire de Saint-Pierre du Chemin). — Guesneau, 4 janvier - 17 novembre 1715 (devenu vicaire, puis curé de Saint-Xandre). — Marc-François Caillaud, 16 décembre 1715 - 6 avril 1719 (nommé curé de Bourgneuf). — Elie Drapron, 7 mai 1719 - 9 mars 1727 (décédé à Dompierre le 24 novembre de la même année). — Giraud, 13 avril 1727 - 12 août 1728. — Rabouin, 19 août - 26 novembre 1728.

1729-1757. Pierre Brion, âgé de 39 ans, décédé à Dompierre, le 17 mai 1761. — *Vicaires* : Bontemps, 4 septembre 1729 - 9 juillet 1733. — Jacques, 1er août 1733 - 10 décembre 1735. — Mériet, 31 décembre 1735-19 décembre 1736. — Amadieu, 13 janvier 1737 - 18 juin 1739. — Pierre Rousseau, 23 novembre 1739 - 8 juin 1751 (il devint prieur de Périgny). — Morin, 15 octobre - 8 décembre 1751. — Thibaud, 26 décembre 1751-15 novembre 1754. — Gastumeau, 26 décembre 1754 - 20 décembre 1757.

1758-1785. René-Alexis Gastumeau, de La Rochelle, vicaire devenu curé de Dompierre; nommé chanoine, il prêta le serment et fut proclamé de nouveau curé constitutionnel de Dompierre à l'assemblée de Saint-Sauveur ; mais il n'y vint pas et se retira à Saintes, où il demeura pendant la Révolution. — *Vicaires* : Vinzelle, 24 décembre 1757 - 7 mars 1760. — Chesnot, 8 - 30 juin 1760. — Pinnelière, le 2 janvier 1761. — Pichon, 29 mai 1761 - 27 décembre 1763. — Dinet, 9 juillet 1764 - 25 décembre 1765. — Pavie, 2 janvier 1766 - 6 novembre 1783. — Chasseriaud du Chiron, 27 décembre 1783 - mars 1785 ; 28 mars-septembre 1785, il signe « desservant de Dompierre ».

1785-1826. Jean Fillonneau, âgé de 35 ans, né à Doix (Vendée), curé de Dompierre du 16 septembre 1785 au 7 mai 1791 ; puis du 11 septembre 1802 au 2 septembre 1826. Il fut à la fois curé de Dompierre et vicaire général résidant à La Rochelle, où il mourut. Son corps, amené à Dompierre, inhumé dans l'ancien cimetière, fut exhumé et déposé dans le nouveau cimetière, en 1841. — *Vicaires* : Chasseriaud du Chiron, 1785-26 août 1788. — Le Clair, qui refusa le serment, 31 août 1788 - 29 avril 1791.

Pierre Douix, assermenté, fut curé intérimaire après le refus de

M. Gastuneau; mais il ne fut jamais élu par le peuple, 12 mai 1791-
5 janvier 1793. — *Vicaires* : Bonnemort, 24 juillet 1791-14 juin 1792. —
Jean-Raymond Guillemot, octobre 1792 à 1793.

M. Fillonneau eut encore pour vicaires : Pilet, 7 avril 1817 - 27 octobre
de la même année. — Fortineau, 29 octobre 1817 - 9 avril 1820. —
J.-D. Briaud, 16 avril - 6 août 1820. — Sebrin, un mois et demi. — Audoyet,
17 septembre 1820-23 septembre 1821. — Baudin, 1er octobre 1821-
17 octobre 1825. — Chabot, 29 octobre 1825 - décembre 1825. — Robert,
1er janvier 1826 - 18 novembre 1826.

1826-1838. Pierre Chabot, de La Rochelle, curé du 20 novembre 1826
au 8 mars 1838. Il passa ensuite à Marans, où il mourut en 1874, à l'âge
de 79 ans.

1838 - 1874. Victor-Bernard Labarre, de Pont-Labbé, curé du 18 mars
1838 (à l'âge de 32 ans) jusqu'au 1er mars 1874. Il se retira ensuite à La
Rochelle, où il décéda en 1879.

1874-1887. Alfred Blanchard, de La Rochelle, curé de mars 1873 à juin
1887. Depuis cette époque, aumônier de l'hospice Saint-Louis et chanoine
titulaire de La Rochelle.

1887. Henri Choinard, juin 1887.

.·.

LISTE DES RELIGIEUX QUI ONT ADMINISTRÉ LES SACREMENTS DANS LA PAROISSE
PENDANT L'ABSENCE DES TITULAIRES, OU ONT SIGNÉ DES ACTES COMME
PRÉSENTS A DES CÉRÉMONIES :

I. — *Prieurs et religieux de l'abbaye Saint-Léonard*

(La liste des abbés est donnée par plusieurs ouvrages et en particulier
par le *Gallia christiana*.)

Frère Louis de Guillebon, prieur, 10 mai 1633. — Fr. Lambert, prieur,
mars 1640. — Fr. Boisseau, prieur, 13 mai 1642-19 octobre 1648. — Jean
Fisson, religieux, 1649. — De Chastillon, prieur, 20 novembre 1654. —
Fr. Roland Landays, prieur de Sainte-Luce et religieux de Saint-Léonard,
17 janvier 1671. — Dom Jean Renaud, titulaire de la chapelle de Sainte-
Luce, à Salles, et religieux de Saint-Léonard, 1700. — Vénérable Dom
Antoine Fontary (ou Fondary), prieur, septembre 1703-1721. — Jacques
Giraud, prieur, 1721. — F.-J. Perrault, prieur, 1721-1723. — Vénérable
Dom Daniel Rhosnel, prieur, 1728. — Dom Pierre Beneteau, religieux
profès, 1728. — Fr. Antoine Rabaud, prieur, marie son bordier le 9 mai
1746. — Dom Benoît Cinglant, prieur, 20 avril 1751. — Dom François-
Hugues Poiteau, prieur et religieux, novembre 1775. — Fr. Moreau, prieur,
18 novembre 1784. — Barbou, prieur, prêta le serment constitutionnel
le 21 octobre 1792 et le 24 frimaire an II.

II. — *Religieux Augustins*

Fr. René de la Noue, 1632. — Jean Bonnet, 1634. — Morel, 1637. —
Grégoire Pignier, 1638. — Pierre Récole, 1647. — Adrien Récole, 1662.

III. — *Frères Prêcheurs*

Jourdain, 1667. — Charles Barbier, 1668. — Jourdain Fouquet, 1668.
— Dandeteau, 1725. — Antoine Loigerot fait le service de la paroisse de
juillet à octobre 1751.

IV. — *Religieux de Saint François*

Joseph Hubert, 1660. — Patrice Riordan, 1662. — Philippe de Hous-
seaux (de la porte de Cougne), 1668. — B. Royné, 1668. — Penoncet, 1670.
— Gaultier, 1672. — Bernard Bastard, 1677. — Félicien Créateau, 1685. —
Julien Brunet, 1700. — Jean Regnaud, 1700. — Luc, 1704. — Florent,
1704. — Paul de Bourges, 1706. — Coupé, 1708. — André Favier, 1712.
— Berquaillié, 1727 (fait fonctions de vicaire de novembre 1728 au 9 février
1729.) — A. Joyaux, 1757. — Léon-Robert Désiles, 1758. — Angélique
Greletty, 1760, devint vicaire en 1764 et fut remplacé comme vicaire par
Georges Riche. — Marie Gilles, 1780. — Félicien, 1785. — Albert, 1785.

Fabriciens (avant 1790)

Colas Boraud, laboureur, fabriqueur pendant 6 ans par 2 fois, av. 1511.
— Mathurin Gaillard, Nicollas Allebert et Jehan Estourneau, procureurs
et fabriqueurs de Dompierre, 1549. — Jehan Brissaud et Louis Durand,
fabriqueurs en les années 1625, 1626 et 1627. — Pierre Paing (?), Nicolas
Renault et Jacques Fumat, 1628 et 1629. — Pierre Moreau et Jacques
Corpy (?), fabriqueurs, 1630-1631. — François Verdon, Jean Normandin
et Pierre Savin (?), 1632 et 1633. — Pierre Roully, André Rondeau et
Pierre Girard, 1634 et 1635 — Louis Péron, François Moreau et Laurent
Coutant, 1636 et 1637. — Jean Burq, 1639. — Pierre Pérotin de la Vallée,
1640 et 1641. — Pierre Lezaud, Anthoine Gaspail, 1642 et 1643. — Jehan
Chaigneau et Sorlin Normandin, 1644 et 1645. — Guillaume Guitton,
1646 et 1647. — Pierre Roullit, charpentier, et Hillaire Naudin, 1648 et
1649. — François Begay et François Birard, 1650 et 1651. — Pierre Pallas,
1664-1665. — Jean Roullit, Jean Matthé, me cordonnier, François Cosse-
vin et Denis Archambaud, 1656 et 1657. — Jacques Rouhault et Hilaire
Parpais, 1660. — Pierre Pérotin et Pierre Brunet, 1661-1662. — Pierre
Carteau, 1666-1667. — Pierre Roüau, Jean Deguiltre, André Pastureau,
1668. — Mathurin Joly et Luc Courault, 1673. — Pierre Brunet, maistre
tailleur d'habits, et Douaut, 1674 et 1675. — Marc Boureau et Pierre
Guérin, 1676 et 1677. — Joachim Achon, 1678. — Gilles Grignon, 1683.
— Jean Autrusseau, 1684. — Pierre Guérin, Poisson, 1685. — Pierre
Metre, 1686. — Pierre Ballanger, 1687. — Jean Girard, 1690. — Jean
Foubert, 1692. — Pierre Monjaud, 1693. — Michel Perrotin, 1697. —
Jean Normandin, huissier de son vivant, rend compte par sa veuve, Anne
Micheau, des recettes et mises de la Fabrique, en 1697. — André Carteau,
1697. — Alexis Maître, 1731. — Drouillard, 1731. — Pierre Massonneau,
1732-1733. — Bibard, 1733. — Jacques Dumont, 1734. — Charles Par-
pays, 1735. — Louis Girardeau, 1736. — Jean Chevallier, 1740. — Louis

Picard, 1742. — Mathurin Gaillard, 1744. — Louis Parpais, André Furaud, 1745. — François Gazeau, 1750. — Jean Ballangé, 1754. — Jean Cherpentier, 1754. — Martin Moreau, 1766. — François Gazeau, conducteur des ouvrages de grande route, fabriqueur, de 1766 à 1771. — Jean Bernier, marchand, 1771 jusqu'en 1778. — Pierre Bonnandin, de 1778 à 1785. — Jean-Louis Chaillé, 1785. — André Bouyer, 1785.

Pasteurs protestants

1656. Théodore de Blanc, écuyer, sieur du Bouil, ministre, demeurant à la Belle-Croix, 12 mars 1656. — 1668-1676. Jacques Gaultier, décédé à Belle-Croix, à l'âge de 75 ans, inhumé à Belle-Croix, le 22 octobre 1676. — 1677-1680. Elie Brevet.

Syndics

1740. Louis Girardeau. — 1771. Louis Picard. — 1775. Louis Bilheu. — 1785. Bourseau. — 1790. J.-L. Chaillé.

Maires

Mouneron, mars 1790. — Jean Bernier, le 2 décembre 1792. — Charles Dérosier, 30 ventôse an II (20 mars 1794)-15 brumaire an IV (5 novembre 1795). — François Pelletier, agent municipal; Gazeau, adjoint municipal, 10 novembre 1795. — Piémont, agent municipal, 17 juillet 1797. — Gazeau, agent municipal, 11 août 1798, puis maire provisoire. — Leconte, fin 1800 et commencement de 1801. — Piémont, 7 juillet 1801 à 1807. — Bernier, 1807 à 1812. — Pigot, 1812 à 1815. — Quinement, 23 avril 1815. — Garreau, le 3 mai 1815. — Le 3 septembre même année Pigot est de nouveau maire. — Coudert, 10 octobre 1830. — Brandon, 3 septembre 1843. — De Laroy, 18 avril 1848. — Briaud, 21 janvier au 4 avril 1878. — De Laroy, 4 avril 1878 à janvier 1895. — François Girard, 1895, réélu en mai 1896.

Notaires

Gracian, notaire à Puilboreau, 1472-1484-1499 (minutes conservées à la Bibliothèque de la ville de La Rochelle). — Gracian, notaire à Dompierre, 1528-1531. — Robert Berlin, 1549 (acte conservé aux archives de la Fabrique de Dompierre). — Gaborit, 1581. — Isaac Lezin, 1598-1601. — Donguet ou Douguet, 1608. — Teuleron (?), 1645. — Chasseau, 1647. Il est notaire aux Rivières de Sainte-Soulle, en 1651. — Pierre Bonnet, procureur fiscal de la châtellenie de Dompierre, 1649-1712. — Jean Girault, 1669. — Léon Bouyer, 1676. — Brisson, 1667-1678. — Prévost, 1709. — Lange, 1721. — Michel-Sylvin Picard, 1723-1738. — Julien Plessis, 1745-1786. — Jacques-François Barbotin, 1783-1791. — Boucheron, ancien notaire de Salles, 1795. — Jacques Dupont, 1812-1815. — Auguste Saint-Marc, 1815-1831. — Barraud, 18... — Landriaud, 184.. — Bergenaud, 186.. — Tatin, 1869-1876. — Giraud, 1876-1886. — Ardouin, 1886-1889. — Etude supprimée en 1889.

Instituteurs

1497. Guillaume Saoulet, clerc, reconnut, à cette date, tenir de Monseigneur de Maillezais les écoles de Dompierre. — 1668 et années suivantes. Charles Dubouché ou du Boucher, sieur de Folleville, protestant, instructeur de la jeunesse, demeurant à Belle-Croix. — 1669. Louis Bonnolleau, instructeur de jeunesse. — 1674. Pierre Rambault. — 1690. Louis Roy. — 1698. Jacques Godreau, aux Brandes, puis à Puilboreau. — 1700. Henry Collineau. — 1701. Pierre Ducru, « maistre escrivin » ; en 1708, instructeur de jeunesse. — 1712. Noël Larsonneur, instructeur de jeunesse; en 1717, il est appelé « régent » ; il meurt, en 1734, à l'âge de 55 ans. — 1732-1746. P. Supet, à Chagnolet. — 1724. Louis-Jean Roy, dans un village de la commune de Dompierre, puisque Noël Larsonneur exerçait dans le bourg. — 1737-1753. Jean Héraudeau. — 1775. François Pelletier, régent. — 1796. François Bauténé, établi à Chagnolet, fait savoir qu'il prendra des pensionnaires de 7 à 15 ans pour les instruire. — 1816. Jean Massonnet, âgé de 46 ans, instituteur à Dompierre. — 1818. Simon Lhermite (1), à Dompierre. — 1818. Thoumelet, à Chagnolet. — 1820. Joubert — 1821. Carde, instituteur à Puilboreau. — 1828. Gaillier-Dejean. — 1840. Guillet. En 1843, il tient une classe d'adultes. — 1846. Plumeau, ancien instituteur d'Archingeay. — 1853. Fellmann. — 1855. Dolivet. — 1858. Grousset. — 18... Mérier. — 18... Lamarque. — 1875. Neaud, ancien instituteur de Bourgneuf. — 188.. Tesseron. — 1887. Bureau. — 1891. Martin.

Institutrices

17 avril 1794. La citoyenne Couraud, institutrice, est nommée par le conseil municipal et fait la promesse de ne se servir que du catéchisme républicain. — 1836. Mme Laporte, de Châtellerault. — 1840. Dlle Renou, épouse Guillet. — 1855 (?) Mme Dolivet. — 1858. Mlle Bonnin. — 18... Mlle Doublanc. — 1876. Mlle Garestier. — 1891. Mme Martin. — 1893. Les Sœurs de la communauté de Mormaison (Vendée) tiennent une école libre à Dompierre.

Maîtres de la poste de Dompierre

Mai 1674. Louis Avrard. — 1687. Pierre Bazil. — 1699. Jean Girard, au bourg. — 1715. Marc Boureau, maître chirurgien, en même temps maître de la poste. — 1830. Dame veuve Coullaud, maîtresse de poste à Grolleau de Dompierre. — 1842. La fille de Mme Coullaud est agréée pour la remplacer.

(1) « Le 11 août 1834, les 3 membres du comité local de l'instruction » primaire nous sommes transportés au domicile de M. Lhermite, insti- » tuteur, à l'effet de visiter sa classe. Y étant rendus, nous avons » demandé à l'instituteur quelle était sa méthode, a répondu qu'il » employait la méthode simultanée ; qu'il avait 45 élèves. Dans ce » nombre 12 gratuits. Nous avons fait lire plusieurs dans le Nouveau et » l'Ancien Testament. Nous avons fait ensuite réciter les prières par tous » les élèves. »

Receveuses des postes

1872. Mlle Reine. — 187.. Mme Texier. — 1879. Mlle Pelletier. — 1886. Mlle Dupuy.

Contributions directes

La réunion de perception des communes des deux cantons de La Rochelle porte le titre de « perception de Dompierre ». — Le titulaire réside et tient son bureau à La Rochelle.

Contributions indirectes

Un bureau est établi à Dompierre.

Médecins

1655. Jean Chassignac, M^{tre} chirurgien. — 1656. Gilles Dufresne et René Caillaud, M^{tres} chirurgiens. — 1680. Marc Boureau, M^{tre} chirurgien. Tuffet, son gendre, aussi chirurgien. — 1719. Pierre Ridasse, chirurgien. — 1758. Martin, « maistre en sirurgie. » — 1738. Jean Puichaud, M^{tre} chirurgien. — 1754. J. Pontenier, M^{tre} chirurgien, décédé à 30 ans, en 1760. — 1761. Léonard Martin, M^{tre} chirurgien. — 1790. Monneron, M^{tre} chirurgien. — 1818. J.-B. Coudert, M^{tre} chirurgien. — 1831. Brandon, officier de santé à Chagnolet. — 1850. Genest, docteur-médecin. — 1873. Pichez, id. — 1888. De Faucher de La Ligerie, id.

Métiers divers (avant 1800)

1630. Jacques Gariteau, boulanger. — 1631. Pierre Sanson, serrurier. — 1635. Léonard Lezeau, m^{tre} maçon. — 1639. Pierre Roullit, m^{tre} charpentier. — 1639. Georges Lezeau, maçon. — 1644. Jean Mathé m^{tre} cordonnier. — 1660. Pierre La Chaize, recouvreur de maisons. — 1660. Jean Archambault, m^{tre} maçon. — 1680. Jolivet, maçon. — 1702. Pierre Yvon « tient le four dans ce bourg ». — 1702. Jean Fouré, huissier. — 1704. Bertrand Capdeville, marchand boutonnier ; Jacques Gautron, horloger ; Jean-Pierre Bugaret, « m^{tre} fourbisseur d'épées », assistent au mariage Percheron Micheau. — 1706. Pierre Naudin ; Jean Montagne ; Pierre Autrusseau, marchands brûleurs. — 1709. Pierre Maucouard ; Jacques-Pierre Monjeau, marchands brûleurs. — 1709. Jean Burg, de Dompierre, « escholier ». — 1709. Pierre Montagne, « archer en cette maréchaussée ». — 1710. Pierre Reynaud, sergent royal. — 1711. Elie Drapron, « estudiant ». — Toussaint Amelin, garde de M. le maréchal de Chamilly. — Jean Chasseriau, laboureur à bœufs. — Charles Gariteau, procureur fiscal de la terre de Margorie. — 1712. Thomas Supet, laboureur. — 1714. François Drapron, « marchand brûsleur ». — 1716. Alexis Maistre, marchand brûsleur. — 1717. Auguste Nadeau, « estudiant. » — François Leredde, maître « tréteur ». — 1718. André Bonnet, cabaretier. — 1732. Jacques Audouard, farinier du moulin de Saint-Hilaire. — 1732.

Nourrigeon et Chevalier, charpentiers. — 1733. Charles Girard, maréchal. — 1735. Colon, receveur du château de Dompierre. — 1737. Mathurin Gaillard et Jacques Bouthier, marchands brûleurs. — 1737. Jean Grignon, maréchal; André Grignon, charpentier de grosses-œuvres. — 1738. Jean et Pierre Braud, brûleurs. — 1739. Jacques Pelletier, Louis Picard, marchands brûleurs. — 1739. Etienne Buet, cardeur de laine. — 1740. Jean Bris, serviteur chez le Sr Drouillard, fermier au château de la Grimnaudière. — 1741. Jean-François Gazeau, officier au bureau des finances et chambre du domaine de La Rochelle, fils de Jean-François Gazeau, capitaine en second sur les vaisseaux marchands. — 1741. Jean-Jacques Mesnard, marchand. — 1743. Antoine, maçon. — Antoine, peintre. — 1745. Petit, ferblantier. — 1750. Jean Rousselot, charpentier. — 1753. Chevalier, maréchal. — 1754. Louis Bouillaud, marchand bouilleur. — 1755. Pierre Rochefort, marchand bouilleur. — 1761. Bergé, vitrier. — 1768. Royer, menuisier. — 1766. François Gazeau, conducteur des ouvrages de grande route. — 1777. Grignon, serrurier. — Jacques Suire, tailleur d'habits. — 1790. Pierre Parpais, laboureur aux Hautes-Brandes. — Noël Grignon et Jean Dupuy, « collecteurs pour l'amats des deniers ». — 1728. Michel Massonneau, jardinier à la maison noble de Beaulieu. — Jean Maître, praticien; — Jacques Neau, cordonnier. — 1766. Debesgue, sergent. — Jacques Baudry, collecteur des tailles et des vingtièmes de Dompierre. — 1783. Jacques Supet, collecteur des tailles. — 1790. Jean Jousselin, boucher. — 1792. Etienne Hillairaud, tonnelier aux Brandes. — 1793. Jean Brothier, charpentier « emmoulageur ». — 1797. Laurent Nourigeon, charpentier de grosses œuvres. — André Bouyer, taillandier. — François Jollivet, tailleur de pierre.

Personnes inhumées dans l'église de Dompierre

Jacques Carteau, laboureur et chantre de cette église, 87 ans, 1687. — Gille Grignon, fabriqueur, 48 ans, 1690. — Anne Morisseau, de Rochefort, 4 ans, 1671. — Dame Hélène Guibourg, veuve de Michel Compaing, écuyer, seigneur de la Chevalerie, et en dernières noces d'Armand Fureau, Sr de Saint-Michel ; devant l'autel de la sainte Vierge, au pied de la balustrade, 1713. — Joseph Guillotin, 1714. — Jacques Le Maslin, 32 ans, 1716. — Pierre Bonnet, notaire royal, 55 ans, au pied de la grande balustrade devant l'autel de la sainte Vierge, 1718. — Marguerite Petit, veuve de Pierre Ridasse, chirurgien, au bas de l'église, 1719. — Jean-François-Didier Bourdon, 19 mois, fils de Mre Jean-François Bourdon, écuyer, Sr d'Ombourg de la Pinaudière, sous le banc de Mme Bourdon, 1719. — Joseph-Henri Guillotin, 3 ans, au pied de la balustrade, 1720. — Marguerite Finet, épouse du Sr Joussereau, orfèvre de La Rochelle, 56 ans, près la porte du clocher, 1721. — Marc-Antoine-Nicolas de la Tommerie, 35 ans, derrière le banc de la Fabrique, 1725. — Vve Baudin de Fucaille, 1726. — Pierre de Venon, 14 mois, fils de Mre Pierre de la Berthonnière de Venon, 1727. — Morel, 15 mois, 1727. — Elie Drapon, prêtre, ci-devant vicaire de cette paroisse, dans le chœur, du côté de l'Evangile, 1727. — Mre Jacques Compaing, écuyer, Sr de la Chevalerie, 78 ans, au milieu de la nef, 1740. Mre Pierre Ridasse, ci-devant curé de cette paroisse, 77 ans, tout proche le bénitier de la principale entrée, 1742. — Marguerite Gatineau, veuve de Mtre Pierre Texier, 1743. — Marie-Anne Auboyneau, 65 ans, veuve du sieur Georges Dupin de Bellugard, à gauche du grand crucifix, 1745. — Henri Savarit, Mtre chirurgien à Terre-Nouvelle, 88 ans, 1752. — Marie-Thérèse de la Maignière, 64 ans, 1753. — Marie Boynot, veuve de Jean Compaing de la Chevalerie, 85 ans, dans la grande allée, 1757. — Marie-Anne-Thérèse de la Maignière, 60 ans, au bout de l'allée qui va à la chapelle de la sainte Vierge, 1757. — M^{tre} François-Simon Martin, procureur, 66 ans, dans la grande allée de la nef du côté de l'Evangile, 1760. — M^{tre} René Raoult, procureur, 59 ans, dans la chapelle de la Vierge, 1770. — Alexandre Dupré, 1652. — Perrine Bouvie, 1655. — Michelle Renondeau, 60 ans, veuve de M^{tre} Bonnaud, des Rivières, 1657. — Jacques Loizeau, 3 ans, 1658. — Louis Bretin, fabriqueur, 60 ans, 1660. — Louis Goupilleau, 26 ans, 1662. — Moussault, de Sainte-Soulle, 1685. — André Pastureau, marchand, 50 ans, 1687. — Nicolas Rousseau, farinier de la Fromagère, 70 ans, 1670. — Louis Prévost, 9 mois, devant le crucifix, 1694. — Marie Renaud, 60 ans, veuve de Pierre Destré, marchand, 1700. — Suzanne-Louise Carteau, 1703. — Paul Pagé, 1711. — François Grignon, à côté de la balustrade, côté de l'Evangile, 25 ans, 1713. — Catherine Petit, veuve Guimberteau, au bas de l'église, 65 ans, 1714. — Pierre Guyonneau, 1703. — Antoine Savignac, 43 ans, dans le bas de l'église, 1715. — Marie Babin, 58 ans, devant le bénitier, 1716. — D^{lle} Madeleine Guibourg, devant l'autel de la sainte Vierge, hors de la balustrade, 77 ans, 1718. — Simon Robert, au bas de l'église, 1719. — Marie Sabathier, 75 ans, sous le banc du sieur Drapron, 1719. — Louise Tassin, 76 ans, dans le bas de l'église, 1721. — Le Sr Joussereau a été enterré à côté de son enfant, 1723. — Antoine Mercier, 40 ans, sous la chaire du prédicateur, 1722. — Françoise Beau, 3 mois, auprès des barreaux, 1723. — Marie-Anne Morel, 17 mois, 1723. — Marie-Anne Bitureau, 1724. — Antoine Ducroc, marchand, 51 ans, 1725. — Jean Péroche, farinier, 59 ans, 1726. — Jacques Renaud, tonnelier, 29 ans, proche la porte, 1727. — Jean de Narpt, marchand, 54 ans, 1728. — Vincent Morel, 3 ans, 1728. — Marie-Anne Guérin, 55 ans, au milieu de la nef, du côté de l'Evangile, 1734. — Marguerite Lamotte, 46 ans, épouse du sieur Loup Godard, en-deçà du bénitier de la principale entrée, 1735. — Jean Texier, 19 mois, 1736. — Louis Derosset, 14 mois, proche le coin qui conduit à la porte du clocher, 1738. — Esther Guitton, 77 ans, veuve de Jean Brunet, 1744. — Alexandre-Joseph-Victor-Maurice, proche le clocher, 1748. — Marie Bouillaud, 1751. — Jean Perny, 2 mois, dans l'allée du côté du clocher, 1754. — Nicolas Rougé, au milieu de la grande nef, 1769. — Marie-Madeleine-Thérèse Raoult, 26 ans, dans la chapelle de la sainte Vierge, auprès du premier pilier, 1769.

Inhumation dans le cimetière des corps de certaines personnes semblant mériter une mention particulière

Vénérable homme Mre Jacques Bobiet, ci-devant curé de Dompierre, 69 ans, 1661. — François Clément, 60 ans, l'un des cent suisses de Sa Majesté, mort à sa maison de Château Milan, 1681. — Un pauvre homme mendiant, 45 ans, trouvé mort dans le grand chemin de Chagnolet, « lequel a été inhumé en terre sainte à cause qu'il avait un chapelet en son bras, marque d'un catholique, apostolique et romain », 1682. — Mre Jean-Baptiste de Vallant, prêtre, curé de cette paroisse, 63 ans, 1694. — Marie-Charlotte de la Bruère du Coudray, 4 mois, 1704. — François-Laurent Besson, 58 ans, sans avoir reçu les sacrements « ayant esté étouffé au fond d'une carrière par un éboulement de terre », ainsi qu'un nommé Antoine, originaire d'Auvergne, 1716. — Jean-Baptiste Rougier, 13 ans, fils de Mre Jean-Jacques Rougier, écuyer seigneur des Tourettes, et de dame Jeanne Durepos, 1738. — Marie-Anne, fille de Mre Henry de Saintours, sieur de Tussac, chevalier de l'ordre militaire de Saint-Louis, et de dame Thérèse Deyssautier, 1739. — Jean Inguencau, lieutenant des grenadiers, compagnie garde côte de Monsieur de Barbezieux, bataillon de Vildon, et lieutenant de l'hôtel royal des Invalides, âgé de 53 ans, 1747. — Thomas-Henri Morticenx, fils de Pierre Morticenx, négociant, demeurant à l'Ile Royale, 1749. — René Frouard, 22 ans, ci-devant soldat au régiment de Chartres, fils du Sr Frouard, notaire royal et contrôleur des actes, décédé au château de cette paroisse en présence de Basset, fermier du château, 1753. — Vénérable messire Pierre Brion, prêtre, ancien curé de cette paroisse, 71 ans, 1761. — L'enfant de Jean-Antoine Carré, gd-secrétaire de la maison et couronne de France, et de dame Marie-Anne Petit Dupetitval, 1761. — Mre Jacques-Adrien Gresseau, écuyer, Sgr de Saint-Benoit et du petit bailliage de Chagnolet, capitaine de cavalerie des ordonnances de Sa Majesté et l'un des deux cents chevau-légers de sa garde, 42 ans, 1769. — Mre Pierre de Valentin de Montbrun, seigneur de Boisansroux (?), 1775 — Dlle Marie-Henriette-Madeleine Deloynes (Signé à cet enterrement : Deloynes de la Marselle), 1776. — Mre Louis-Auguste César de Seguin, écuyer et connu au régiment de Vivarais sous le nom d'Henry-Charles-Godefroi des Hors de Seguin, capitaine, commandant au régiment de Vivarais, âgé de 41 ans. En présence de Raoult, Leconte, Carré de Candé, 1782. — Messire Toutant de Beauregard, ancien curé d'Angoulins, décédé sur cette paroisse, 69 ans, 1784 — Marie-Louise-Henriette-Céleste de la Maisonneuve de Venours, décédée à la Fromagère, 55 ans, 1786. — La fille de Jacques-Godefroy Gelp, brodeur de la reine, 1787.

Enfants de famille baptisés dans la paroisse

Charles-Honoré Heliguen, fils de Marc Heliguen, seigneur de la Houzay, et de damlle Marie Couanac. A été parrain, haut et puissant seigneur comte de Clisson et grand sénéchal d'Aunis. Marraine, damlle Charlotte Lée, 1682. — Charles-César de Saint-Légier, fils de Mre Jacques de Saint-Légier et de Jeanne Auboyneau. Parrain, Mre Charles-César de Montalembert, seigneur des Essards. Marraine, Mme Louise Auboyneau, veuve de Mre Louis Gabaret, capitaine du roi en la marine, 1682. — Louise-Madeleine, fille de puissant seigneur Jacques de Saint-Légier, seigneur d'Espanes, et de dame Jeanne Auboyneau. Parrain, Mre Louis de Pelard, seigneur de la Motte, capitaine de Sa Majesté en l'armée navale, 1683. — Marie-Anne de Sauvestre de Clisson, fille de haut et puissant seigneur Mre Jean-Honoré Sauvestre de Clisson, comte des Mottes, du Gas et de l'Oing, gouverneur à la justice et grand sénéchal d'Aunis, et de dame Anne Grassineau. Parrain, Mre Alexis-Noël Defoy, gentilhomme dans cette paroisse; marraine, Dlle Judith Berchaud, 1684. — Guillaume-Louis de Sauvestre de Clisson, fils des mêmes, 1686. — Pierre-Charles de la Boucherie, fils de Charles de la Boucherie, conseiller et garde des sceaux au présidial de La Rochelle, et de Marie-Anne Consart, 1685. — Jean-Joseph-Marie, fils d'honorable homme Mtre Jean de la Maignère, bourgeois et banquier de La Rochelle, et de vertueuse damlle Marie-Thérèse Acart. Parrain, vénérable homme Mtre Jean Poirel, conseiller du roy au présidial de La Rochelle et lieutenant général de police; marraine, noble dame Marie-Anne Acart, épouse de Mre Louis de Chaulnes, capitaine de vaisseau du roi, inspecteur de la marine au port de Rochefort et chevalier de l'ordre de Saint Louis, 1703. — Marie-Suzanne, fille du Sᵣ Jacques Duboucher, lieutenant de vaisseau, Sᵣ de Fornille. Parrain, Mʳᵉ Jacques Berne, écuyer, Sᵣ d'Arenton, 1713. — Jean-André, fils de Jean Supet et de Marie-Anne Damora. Parrain, Mʳᵉ André Gresseau, escuyer, seigneur de Saint-Benoist et du petit bailliage de Chagnolet, et marraine, damˡˡᵉ Marie-Anne de la Magnère, 1715. — Nicolas-Joseph, fils de Mʳᵉ Joseph-Irénée-Pierre Prévost, seneschal de la baronnie de l'isle de Ré, et de damˡˡᵉ Marguerite Daniel. Parrain, Mʳᵉ Nicolas Prévost, procureur au siège présidial de La Rochelle, représenté par Mʳᵉ Jean Guillotin, avocat au Parlement et audit siège. Marraine, dame Marie Raclet, veuve du Sᵣ Courtois de Beauville, 1717. — L'enfant de Jean-Jacques Rougier, écuyer, seigneur des Tourettes, 1718. — Marie-Victoire, fille de Mʳᵉ le chevalier de Mirande, Gallard de Beaune, chambellan de Mʳ l'Electeur de Bavière et lieutenant-colonel d'un régiment de dragons de Mʳ l'Electeur de Bavière, et de dame Marguerite-Joseph Frère de la Chaise, son épouse. Parrain, Mʳᵉ Maximilien de Rose, chevalier cadet dans le régiment du duc de Bavière ; marraine, dame Marie de Gallard, 1739. — Dorothée-Nicole-Mélanie, née au château de Maubec, fille de Mʳᵉ Gabriel de Loynes de la Coudraye, chevalier, seigneur de Maubec, la Marzelle, la Jallonnière, etc., et de dame Marie Fleury, son épouse, 1744. — Gabriel-Siméon-Germain-Léger-Justin de Loynes, fils des mêmes, 1745. — Augustin-Alexis-Jérôme-Justin de Loynes de la Coudraye, 1746. — Sophie-Anastasie-Pauline de Loynes de la Coudraye, 1747. — Augustin-Charles-Xavier-Jérosme de Loynes, ...1751. — Joseph-Tancrède-Télesphore de Loynes, 1753. — Au baptême de l'enfant Morpain a été parrain le fils de Mʳᵉ Jean-François-Ignace Cadoret de Beaupreau, président-trésorier de France au bureau des finances de La Rochelle, lieutenant particulier au siège présidial de ladite ville, seigneur des Grandes-Laisses et de la Moulinette, et de dame Marianne Girard de Bellevue, 1756. — Marie-Marguerite-Henriette, fille d'Adrien-Jacques Gresseau, seigneur de Saint-Benoît et du bailliage de Chagnolet. Parrain, Henri Dupont-Degault, chevalier, seigneur du Beignon, Touchelonge, Maîtré et autres lieux, chevalier de l'ordre royal et militaire de Saint Louis, capitaine de cavalerie des ordonnances de la garde de Sa Majesté et son pensionnaire, 1758. — Marguerite-Françoise, fille de Mʳᵉ Adrien-Jacques de Gresseau, seigneur de Saint-Benoît, etc., et de Marguerite Prompt de Saint-Marc, 1759. — Thérèse-Geneviève, fille de Pierre-Jean, régisseur du château de Dompierre. Parrain, Mʳᵉ Jacques Jean, vicaire de Saint-Martin-de-Ré, oncle de l'enfant, 1766. — Marie-Anne-Françoise-Augustine, fille de Mʳᵉ Jacques-Augustin Daguin, écuyer, gendarme de la gendarmerie de France, et de dame Françoise-Angélique Guillotin. Parrain, Mʳᵉ Laurent-François Daguin, seigneur de la Roche de Nerde, maire et capitaine de la ville de Saint-Maixent ; marraine, Anne-Dioré Guillotin, 1776. — Sylvain-Hubert-J.-B.-René, né au château de la Motte, fils de Mʳᵉ Paul-René-Auguste de la Maisonneuve, écuyer, seigneur de la Motte. Parrain, Mʳᵉ Sylvain-Hubert de la Maisonneuve de Villebouin, chevalier de l'ordre royal et militaire de Saint Louis ; marraine, dame Jeanne-Adélaïde de la Broue, 1786.

Mariages célébrés dans l'église de Dompierre

Nicolas de la Rocque et Marie de Vallant, tous deux de La Flotte, 1658. — Honorable homme Pierre Périer, marchand à Ars, fils de feu

Pierre Périer et de dame Marie Deramé, et Suzanne de Vallant, fille d'honorable homme Daniel de Vallant, marchand, demeurant à La Flotte, et de défunte Suzanne Baudin, 1670. — Mre Jacques de Saint-Légier, chevalier, Sr de la Sausés (la Sausaye), fils de feu Marie-René de Saint-Légier, chevalier, Sr de la Sausés, et de Marie Tizon, avec D^lle Jeanne Auboyneau, veuve d'Antoine Bonnaud, marchand, 1678. — Arnaud Ferrand, écuyer, Sr de Saint-Michel, capitaine au régiment de Piémont, natif de la ville de Libourne, demeurant en la garnison de Brouage, fils des défunts Jean Ferron, écuyer, Sr de Bernon, et de dame Jeanne Rouxguilhen (?), avec dame Hélène Guibourg, veuve de Mre Michel Compain, écuyer, Sr de la Chevalerie, 1689. — Nicolas Herbert, Sr du Parcq, natif de Saint-Martin-de-Ré, avec Anne-Geneviève Prévost, de la paroisse de Saint-Barthélemy, 1698. — Mre Jacques Bilhen, bourgeois de La Rochelle, avec D^lle Jeanne-Françoise de Saint-Gilles. Ont assisté : René de Beauchamp, écuyer, Sr de Bussac, Mre Jean de Sacher, écuyer, S^r de La Place, 1703. — Pierre-Adrien Rousseau, conseiller du roi, juge garde de la monnoye royale de la ville de La Rochelle, fils de défunt Pierre Rousseau, architecte, avec Louise Tritant, veuve du Sr Estienne Billon, marchand de La Rochelle, 1708. — Mre Jacques de Compaing, écuyer, Sr de la Chevalerie, avec Marie Bouynot, 1714. — Jacques Le Mastin, chevalier, Sr de Margorie, fils des défunts Henry-Charles Le Mastin, chevalier, Sr de Beauregard, et de dame Marie-Anne Le Gagneur, avec Louise Ravineau, veuve de François Destaie, employé sur les vaisseaux du roi, 1715. — Pierre Leconte, fils de Mre Pierre Leconte, receveur des consignations de La Rochelle, et de dame Louise-Charlotte Clavereau, avec Marie Bonnet, fille de défunt Pierre Bonnet, notaire royal, et de dame Françoise Bouynot, 1722. — M^tre Pierre Lamarque, conseiller du roy, juge, garde de la monnaye royale, émancipé, procédant sous l'autorité de M^tre André Leborgne, procureur au siège présidial et administrateur de l'hôpital général de La Rochelle, avec D^lle Marie-Françoise Leconte, fille du Sr J.-B. Leconte, bourgeois et eschevin de cette ville, et de dame Marie Bonnet, 1746. — Mre Louis-Alexandre Courtois, écuyer, Sr de Guineuille, ci-devant capitaine au régiment d'Oleron et major de la garde côte en l'île de Ré, veuf de Anne-Marie-Louise Foucaud, et dame Marie-Anne d'Antebeau (?) d'Aubusson, veuve de Mre Pierre Nau, chevalier de l'ordre militaire de Saint Louis, pensionnaire de Sa Majesté et aide-major de Longwy, 1751. (La mariée a signé Marianne d'Hauteforge.) — Mre Charles-Claude de Ruisembiro, chevalier, conseiller du roy en ses conseils, intendant de justice, police et finance de la marine au port et département de Rochefort, avec dame Henriette-Esther Bonfils, de la paroisse de Saint-Sulpice à Paris, veuve de Mre Nicolas Jean Dagien de Brissau, chevalier, colonel d'infanterie, lieutenant du roi de la ville de La Rochelle. Ont assisté : Mre Jean-Jacques-Pascal d'Abbadie, commissaire ordonnateur de la marine au département de La Rochelle, Mre Théodore de la Croix, 1759 — Louis-René-Gabriel Bousseau du Chatelier, employé dans les fermes du roi, fils de M^tre Gabriel-Clair Bousseau, Sr du Chiron, procureur greffier, avec Mlle Marie-Esther Brunet, 1776. — Mre Pierre-Nicolas de Lisleferme, écuyer, ancien officier d'infanterie, fils de feu Mre André-Nicolas de Lisleferme, ancien capitaine des grenadiers au régiment de la Couronne, natif de Saint-Romain-de-Benêt, avec Elisabeth-Marie Lallemand, native de Sainte-Anne de Limonade, dépendance du Cap, côte de Saint-Domingue, veuve du sieur de Carrouge, demeurant sur cette paroisse, 1779. — Mre Jean-François-Louis Rougier, écuyer, garde du corps du roi de la 1re compagnie française, demeurant au Payau, fils des défunts

Mʳᵉ Jean-François Rougier, écuyer, chevalier de l'ordre de Saint Louis, ancien capitaine d'invalides, et dame Marie-Madeleine Rougier, procédant sous l'autorité de Mʳᵉ François-Félix Huet, écuyer, chevalier de Sourdon, ancien capitaine de grenadiers royaux, demeurant dans la paroisse N.-D., avec Dⁱˡᵉ Marie-Jeanne Julie Leblanc de Montlebourg, native de la paroisse et ville de Genolhac, au diocèse d'Uzès en Languedoc, demeurant au lieu de la Tourtelière dans cette paroisse, fille de Mʳᵉ Louis-Vincent Leblanc de Montlebourg, écuyer, chevalier de l'ordre de Saint Louis, ancien capitaine au régiment de Penthièvre, et de dame Catherine-Benigne Billaud, 1783. — Mʳᵉ Jean-Amable Lessenne, fils de feu Mʳ François Lessenne, négociant, et de Dⁱˡᵉ Marguerite Coeffé, avec Dⁱˡᵉ Marguerite-Madeleine Lessenne, native de Saint-Pierre et Miquelon, fille de feu Jean-Baptiste Lessenne, capitaine de navires, et de Catherine Morin, 1787.

DOCUMENTS

I

Transaction entre le seigneur de Dompierre
et l'abbé de Saint-Léonard (1489) (1)

Pardevant Pierre du Mas et Jehan Millaut, clercs notaires, jurez de la court du scel royal, ont été personnellement establiz Révérend Père en Dieu frère Anthoine Humber (2) abbé oud. lieu de Sainct-Léonard des Chaulmes, frères Guillaume Aymond, prieur de cloistres, Jehan Lembert, soubz prieur et procureur oud. lieu, Jehan Bonneau, chantre, Pierre Gordier, soubz chantre, Micheau Ayraud, Bertran Félix, Jehan Prouet et Jehan Olmier, tous religieux et profex dud. monastère de Sainct-Léonard, assemblez ensemble en leur chappitre au son de la campane ainsi qu'ilz ont acoustumé faire pour leurs autres négoces et affaires de lad. abbaye, d'une part ; Et noble homme Pierre de Tussac escuyer, Sgr d'Argentines, ou nom et comme procureur dudit noble et puissant Jehan Sgr et baron de Montmoreau, et dud. lieu de Dompierre... Lesquelles parties de leur bon gré ont fait, passé atcord et advenance... en la forme et manière qui s'enssuyt :

C'est assavoir que ledit de Tussac... pour demourer quicte desd. arrérages desd. cinequante livres de rente, a baillé, payé et nombré manuellement la somme de six cens livres tournoix que lesd. religieux abbé et couvent ont receuz... Et en oultre led. de Tussac... s'est desesie et departi de tout le nom, raison et action que led. noble avoit et pouvoit avoir oud. fief Grifier au proffit desd. religieux, abbé et couvent estant ou fief de lad. terre et seigrie de Dompierre, moyennant ce que lesd. religieux... ont quicté et délaissé, quictent et délaissent audit noble vingt livres tournois de rente, ensemble tous et chacuns les autres arrérages qui se montent la somme de cinq cens livres et plus en et desd. cinequante livres de rente, sans jamais en faire question ne demande. Et entant que sous lesd. trente livres de rente restant desd. cinequante livres de rente, lesd. religieux ont promis les prendre en assiette scelon les convenances autrefoiz faictes, passées et actordées scelon la restitution desd. titres desd. cinequante livres de rente dedans huyt ans prochainement venant. Et au cas que ladicte assiette n'auroit esté faicte dedans ledit temps, icelle rente de trente livres demourra perpétuelle sur ladicte terre et seigneurie de Dompierre, ainsi et par la forme et manière qu'elle fut... constituée. Et en oultre ledit de Tussac... a delaissé et delaisse moiennant les choses susd. ausd. religieux, abbé et couvent tout le droit de jurisdicion haulte, moienne et basse et ce qui en dépend et peut deppandre en lad. abbaye et closture fief Grifier et

---

(1) Bibliothèque de La Rochelle, Mss. 300, fos 35 et suiv.
(2) Appelé Antoine du Bost, d'après le *Gallia christiana*.

généralement tout ce qu'ilz tiennent, tiendront et acquerront par le temps advenir en paiant les devoirs par dessus dict qu'ilz acquerront seulement pour le temps advenir et non pas de ce qu'ilz tiennent à present. Desquelles choses qu'ilz acquerront en lad. terre et seigrie de Dompierre ilz seront tenuz de paier lesd. devoirs deuz anciens seullement. Lesquelles choses ledit seigneur de Dompierre pourra avoir pour ledit pris, si avoir le vieult, en le notiffiant seelon la coustume du pays audit seigneur ou à ses officiers d'icelluy lieu de Dompierre, lequel les pourra avoir dedans l'an et jour après ladicte notifficacion faicte en paiant par led. seigneur les deniers paiez par lesd. religieux. Et aussi seront tenuz doresnavant lesd. religieux, abbé et couvent faire foy et hommaige lige et paier devoir d'ungs esperons dorez avalluez a cincq solz aud. seigr de Dompierre a muance de seigneur et de vassal. Et par cestuyd. appoinctement lesd. parties demoureront quictes les unes envers les autres de toutes questions et debatz... Et sera tenu led. de Tussac... rendre toutes et chacunes les pièces et procès dont estoit question dud. flef Griffier dedans Pasques prochainement venant... Et durant lequel temps de Pasques, lesd. religieux .. seront tenuz de bailler par déclaration tous et chacuns leurs héritages qu'ilz tiennent, possèdent et exploictent de présent en lad. terre et seigneurie de Dompierre qui seront mys et emploiez en cestuyd. appoinctement dont la teneur et confrontacion d'iceult x héritages s'enssuyt :

Et premièrement l'abbaye de Sainct-Léonard avec ses appartenances de fiefz. terres gaingnables et autres ainsi encerses qu'elles sont entre les chemyns. Et se tiennent lesd. abbaye, fiefz, terres et autres appartenances d'une part au grand chemyn par lequel l'on vait de lad. Rochelle à Chaignollet et d'illec à la Belle croix et finissent les terres et appartenances de lad. abbaye à ung chemyn charruau qui depart les terres d'icelle abbaye et les terres des fiefz aux Haultains, et finissent aussi lesd. terres et appartenances a ung autre viel chemyn par lequel l'on vait de ladicte abbaye et des terres d'icelle aux troil aux Aultains et au troil à la Bretelle. Et finissent aussi lesd. terres de lad. abbaye a une petite reze qui depart lesd. terres de lad. abbaye et celle dud. troil aux Haultains et se rend t-on par lad reize au grand chemyn par lequel l'on vait de Gastebource à Bourgneuf, et d'autre part au grant chemyn Charbonnier et dud. chemin a Billenenfut. Et finissent aussi lesd. terres a ung carrefour par ou l'on vait dud. grant chemyn Charbonnier ou de Billenenfut a une reze qui deppart les terres d'icelle abbaye et celle des Chauderiers. A comprandre en lad. reze une pièce de terre de cincq à six quartiers de terre tenant lad. pièce de terre d'un cousté au grant chemin par où l'on vait de La Rochelle à Gastebource ; et deppart led. carreffour et chemyn et lesd. terres desd. abbaye et Chauderiers, et se rend led. chemyn a lad. reze et aussi deppart ledit carreffour a ung grant chemyn par ou l'on vait dud. lieu de Billenenfut à la Rivière de Dompierre, lès terres de lad. abbaye deeza et de là led. chemyn ung bout au chemyn par ou l'on vait du Péré Farineau à la Sablere de Dompierre, et finissent aussi lesd. terres à lad. abbaye d'une part aud. chemyn par où l'on vait dudit Péré Farineau à la croix de Sainct-Léonard et au carreffour dud. grant chemyn par où l'on vait dudit lieu de Chaignollet à la Belle-Croix, avecques une pièce de terre contenant quatre quartiers ou environ, tenant d'une part icelle pièce de terre aud. chemyn par où l'on vait dud. Péré Farineau à lad Sablere de Dompierre, d'autre part aux terres nouvelles appartenant au troil de Beauvoir, d'autre part aux terres de monseigr de Partenay, d'autre part au petit chemyn par où l'on vait de Sainct-Léonard à Chaignollet.

Item tiennent aussi lesd. religieux, abbé et couvent, près Dompierre, le lieu de Beaulieu avecques ses appartenances de boys, prez, feaiges de vignes, terres gaingnables et autres quelzconques tenant d'une part au grant chemyn par lequel l'on va au troil de Luizon... Groleau à la maison des Montalembers appellée la grant maison. Et finissent lesd. lieu et appartenances d'autre part au chemyn de Loiseau qui depart la maison desd. Montalembers et led. lieu de Beaulieu et appartenances; d'autre part au grant chemyn dud. Péré Garuaud par lequel l'on vait dud. lieu de Dompierre à la Rivière, et finissent aussi lesd. terres et appartenances de Beaulieu a ung feage qui depart les terres susd. et le fief de Lomariaz, appartenant à Guillaume de la Salle, filz de feu Pierre de la Salle; d'autre part a une reze par laquelle l'on vait dud. grant chemyn du Péré Garuaud audit lieu de Beaulieu.

Item une pièce contehant journée à   faulcheur ou environ, assise en lad. paroisse de Dompierre, tenant des deux coustés au maroys de Jacques de la Salle, d'un bout aux maroys Guillaume Beneron (?) d'autre bout au pré de messire G. de Montalembert, chevallier, le chemin entre deux, en franche aumosne.

Item plus lesd. religieux, abbé et couvent ont acoustumé d'avoir et prandre et percevoir chascun an du commandeur de la maison de Maillezays de Dompierre pour leur part du moulin de Grolleau LX sols tournois.

Item plus sur ung masurau et vergier estant au bout dud. masurau aussi assis oud. bourg de Dompierre que souloit tenir Pierre Thourays, tenant d'un cousté es maisons Robert Geffeloit et messire Pierre Ma... laquelle paravant souloient tenir Guillaume Gayneau et messire Mathurin de Razines prêtre, d'autre cousté aux vignes et... dud. Geffeloit qu'il tient de mesd. seig^{rs} de Maillezays. Un bout au vergier de feu Pierre de Lespine et d'autre bout à la grant rue par laquelle l'on vait et vient de l'église oud. lieu de Dompierre à La Rochelle.

Item plus sur une maison et ung masurau estant par le derrière assis oud. bourg, tenant d'un cousté à la maison Colas Bergeon que paravant souloit tenir Guillaume Petit une vanelle entre deux, d'autre cousté au masurau Micheau Thomas, une vanelle aussi entre deux, d'un bout au vergier dud. Thomas, d'autre bout à lad. grant rue par laquelle l'on va et vient de ladicte église à lad. Rochelle et laquelle tient de présent Colas Groussereau.

Item plus une autre maison afetez... avecques ung petit appentyz et vergier estant au devant de lad. maison, le tout assis oud. bourg... tenant... d'autre cousté au masurau ou vergier de Juhain Garnier et à la maison de Estienne Mosnier, sergent royal... et led. vergier se tient... une vanelle entre deux en laquelle y a ung puys et par laquelle l'on va et vient de la maison de la Salle à lad. grant rue, d'un bout au vergier dud. Colas Bergeon qu'il tient de monsr de la Salle une palisse entre deux...

Item plus sur une autre maison ensemblement ung petit vergier... que tient de présent Jehanne Mothelle veusve de Thomas Colin, tenant d'un cousté à la maison... de Hubert des Housmeaux, d'autre cousté à la maison Juhain Garnier une vanelle ou allée entre deux par laquelle l'on va et vient de Rochebertin et de la Garenne à lad. grant rue, d'un bout es maison... de feu Mathurin Petit qui paravant estoient feu Rimeron.

Item plus sur une pièce de vigne assise près la Garenne dud. lieu contenant en soy ung quartier ou environ, laquelle tient de present messire Jehan Pallusson prêtre et la tenoit paravant Yvonnet Gayneau, tenant d'un cousté à la vigne de Colas Groussereau, d'autre cousté es vignes de Martin Garnier, d'un bout es vignes de Pierre Biret ..

Item plus demy quartier... aussi assis et parséant près la Garenne, lequel tient de présent Jehan Moreau et paravant Colas Gayneau, tenant d'un cousté à la vigne de Clément Perrineau, d'autre cousté à la vigne de la cure...

Item une pièce de vigne près du cymetière que tient de present frère Ylairet Billet prieur dud. lieu, contenant demy quartier... tenant d'un cousté à la vigne de Roullet Fradin, d'autre cousté à la vigne de Pierre Guymard, d'un bout à la terre Colecte Chaumyne, d'autre bout aud. cymetière longeant chemyn par lequel l'on va et vient d'Esnande à Bourgneuf.

Item plus ung quartier de plante assis près de ladicte garenne que tient de présent Colas Groussereau tenant d'un cousté à la vigne Jehan Bretin qu'il tient de la confrairie Nostre-Dame...

Item quatre quartiers de terre assis ou fief nommé Tueloup... tenant d'un cousté aux terres de Guill. de la Salle fils de feu Pierre de la Salle qui furent de feu Jehan de Lomaria, d'autre cousté aux terres de Thomasse Laurence, d'un bout au grant chemyn par lequel l'on va de Dompierre au gué de Grolleau...

Item plus deux quartiers de terre ou environ arable parsant en fief de Tueloup, tenant d'un cousté à la terre de messires de Maillezais, d'autre cousté à la terre de Jacques de la Salle... d'un bout à la terre de messire Gilles de Montalmbert.

Item sur deux quartiers de vigne assis au petit fief le Roy près dud. lieu de Dompierre tenant... d'autre part au pré de Maillezays, d'autre part ausd. terres de Maillezays et aux terres dud. seigneur de Dompierre, la neusiesme partie des fruictz.

Item sur un troil parséant aux Brandes en la paroisse de Dompierre avironné de deux pas de vergiers que tient à present Jehan Marteau comme héritier de feu Jehan Odion, tenant d'une part led. troil au chemyn par lequel l'on vait de Dompierre au troil et maisons de Gramont, et l'un des vergiers se tient au vergier de feu Bartholomé Pryn... et par devant se tient à la place du queyruy vu est ung hosneau... et par devant derrière au vergier feu Gillet... trante solz de rente paiables par les quatre quarterons...

Item sur un masurau avironné de deux vergiers parséant aux Brandes, tenant... d'autre cousté aux vergiers de l'omosnerie du Roy appelée l'aumosnerie Sainte Catherine de La Rochelle, d'un bout aux vignes de lad. aumosnerie ; lesquelz masurau souloit tenir Pierre Mocain ; cincq solz de rente en chascune feste de Toussainctz.

Item sur ung quartier et demy de terre assis oud. lieu des Brandes, que souloit tenir Robin Quoquelin... tenant... d'autre cousté à la maison de Joubretière... d'autre bout à la maison de Alain Olivier, huyt solz quatre deniers de rente en chascune feste de myaoust.

Item une pièce de terre parséant près du troil Macquain, tenant d'une part au grant chemin par lequel l'on va de Dompierre à Lisleau, d'autre part aux terres de Guille de la Salle.

Item une pièce de terre parséant ou fief Sainct-Léonard appelée les Fontenelles contenant deux quartiers, tenant d'un cousté au chemyn par lequel l'on va... de Losmeau Sagord à Lisleau, d'autre cousté à la terre de Cheusses, d'un bout au chemin par lequel l'on vait de la Belle Croix au troil Macquain et d'autre bout à la terre dud. Cheusses.

Item une pièce de vigne ou plante ou fief dessusd. contenant ung quartier.

Item une autre pièce de vigne contenant deux quartiers... près du troil Chauveau, tenant d'un cousté à l'ousche appartenant oud. troil

Chauveau... d'autre cousté à la vigne du curé de Dompierre... d'un bout
au chemyn par lequel l'on vait de Dompierre au troil Macquain, et d'autre
bout à la vigne de la Gachete.

Item ung quartier moitié en plante et moitié en terre... près de
Dompierre, tenant... d'autre bout aux vignes de la chappellenye...

II

Mémoire de l'Évêque et du Chapitre de Maillezais contre Marie Furgon, dame de Dompierre (vers 1511)

« Disent (les religieux de Maillezais) que leurd. temporel ait esté saisi...
en ce que lad. saisine a esté faicte par deffault de divin service non fait
et entre autres d'une messe que l'on appelle la messe aux pasteurs, que
led. procureur dit lesd. demandeurs estre tenuz dire chascun dimanche
de l'an durant matines en l'église parochialle de Dompierre ;

» Item, car..... lesd. demandeurs monstreront deuement qu'ilz l'ont
tousiours dit et continuée, quequelfois fait dire et continuer lad. messe
aux pasteurs par chascun dimanche de l'an durant matines sans ce que
lad. messe ait esté delaissée ou discontinuée par quelque temps que ce
soit.

» Item et ne sont poinct lesd. demandeurs tenus dire ou faire dire par
ung de leurs religieulx lad. messe aux pasteurs, mais suffist qu'ilz la
facent dire et célébrer par ung prebtre seculier...

» Item et mesmement à présent font dire et célébrer lad. messe appellée
la messe aux pasteurs et faisoient dire ou temps de lad. saisine qui fut
faicte le xxIIe jour d'aoust mil cincq cens et onze, et long temps avant
sans interruption ni discontinuation, lesd. demandeurs, quequelffoit leur
fermier recepveur, nommé messire Mathurin Bonnault,..... paient à ung
prebtre et chappellain par chascun an deux escuz d'or avec les offrandes
tant en argent que chandelles que l'on fait durant lad. messe.

» Item oultre délaissent ou susd. chappellain qui célèbre lad. messe
aux pasteurs les cincq solz deux ausd. demandeurs pour chascun service
que l'on fait en lad. église de Dompierre, qui fait toutes chouses setisfa-
toyres et suffisantes pour la... dotation de lad. messe.

» Item et au regard des vespres, messes et autre divin service que l'on
dit lesd. demandeurs estre tenuz dire et deservir en lad. église chascune
feste sollempnelle, dimanche et aultre de l'an,

» Respondent lesd. demandeurs qu'ilz ne se montrent poinct qu'ilz, ne
aucun d'eulx, soient tenuz le faire et dire en propres personnes, mais sont
tenuz le faire en leurd. monastère de Maillezays.....

. . . .

» Item et pour ce faire et dire, baille à présent led. Bonnault, fermier
et recepveur desd. demandeurs, et a tousiours baillé despuys qu'il est
fermier, qui peut avoir   ans ou environ, la somme de deux escuz
d'or au vicayre de lad. église parochialle de Dompierre.

» Item et au regard du logis du prieuré dud. Dompierre, mesmement
lesd. demandeurs tenuz logis, dortouer ne refectouer fors ung logis
honneste et suffisant pour loger le prieur dud. lieu quand il y va et qu'il
se tient.

» Item or lesd. demandeurs monstreront qu'il y a aud. Dompierre à leur logis ancien maison et habitation suffisant, honneste et assez convenable pour loger led. prieur scelon son estat et revenu dud. prieuré, et qu'il y a plus de IIII^{xx} à cent ans qu'il n'y eut dortouer, cloistre, ne refectouer.

» Item... que si dortouer y a esté... du consentement tant desd. évesque, chappitre de Maillezays que des seigneur, manans et habitans dud. Dompierre a esté desmoli pour faire l'église et chappelles de lad. église parochialle dud. Dompierre.

» Item et n'y a apparence de dire que l'on soit tenu avoir nombre de religieulx aud. Dompierre continuellement pour faire le divin service, veu le revenu que lesd. demandeurs ont aud. Dompierre, parce que tout le revenu de tout que ont en lad. seigneurie de Dompierre ne vault et ne se afferme poinct par chascun an plus de LXX ou IIII^{xx} livres tournoys qui ne seroit revenu suffisant pour entretenir nombre de deux religieulx seullement.

» Item car..... pour entretenir quatre religieux seullement de quatre a cincq cens livres de revenu et plus.

» Item et quant est de lad. messe aux pasteurs disent lesd. demandeurs qu'ilz l'ont tousiours faict dire et celebrer durant matines par chascun dimanche de l'an, sauf que peut estre, sans riens confesser, que l'on auroit dit à quelques foys lad. messe durant la grand messe parochialle amprès laquelle faicte pour la fabrique.

» Item et ce du consentement des parochiens et fabriqueurs de lad. église de Dompierre et qui plus est par contraincte que faisoient iceulx paroissiens et fabriqueurs ausd. appellans qui devoit dire lad. messe, parce qu'ilz disoyent que en disant lad. messe aux pasteurs durant matines c'estoit en diminution de la queste que l'on fait durant lad. grand messe parochialle, au moyen de quelques questes que l'on fait aussi durant lad. messe aux pasteurs qui est demeurer ou doit demeurer au profit desd. demandeurs.

» Item et soubz..... lad. queste que l'on fait durant lad. messe aux pasteurs pourroyent estre tenuz lesd. demandeurs, sans riens confesser, ... dire ou faire dire durant lad. messe, ... que si on les empesche en lad. queste ne sont aussi tenuz faire dire lad. messe..... »

III

Enquête en suite du mémoire précédent (vers 1511)

« N... dit et depose par son serment que quarante ans a qu'il est résidant et demourant aud. lieu de Dompierre et que depuis ledit temps a oy plusieurs fois à la messe parochialle que les vicayres dud. lieu ou prosne de la grant messe signiffier l'assignacion de la court et jurisdicion desd. appelans à estre tenue et expédyée en la maison du prieurté dud. lieu de Dompierre. Et a oy dire à plusieurs des habitans dud. lieu de Dompierre que lesd. appelans faisoient tenir et expédier lad. jurisdicion par leurs officiers. Touteffoys ne la vit jamais tenir...

» Aussi dit qu'il scet bien que lesd. appelans sont seigneurs et possesseurs de plusieurs beaulx domaynes et héritaiges estant en et au dedans lad. paroisse et seigneurie de Dompierre et desquels choses à eulx appartenants il dit avoir veu joyr et user lesd. appelans paisiblement et sans contradiction depuis ledit temps de quarante ans qu'il réside en lad.

paroisse au veu et sceu de tous ceulx qui l'ont veu vivre, et ne veyt jamais que les dictz seigneurs de Dompierre leur y missent aucun trouble ou empeschement.

» Semblablement dit que depuis led. temps luy estant en lad. terre et seigneurie de Dompierre, il ne vit jamais nombre de religieux résider ou prieurté dudict lieu, mais seullement y a veu de son temps y demourer ung moine frère Hillairet Bellet, prieur en son vivant dud. Dompierre et fermier desd. appelans, lequel troys ans a ou environ décéda... Et tousiours a oy dire que lesd. appelans demouroient et résidoient au lieu de Maillezays.

» Dit aussi que depuis led. temps qu'il est demourant aud. lieu de Dompierre, il a tousiours veu led. feu Bellet faire ou faire faire, dire, chanter et célébrer le divin service, que on disait qu'ilz estoient tenu faire. Et mesmement ès festes annuelles dire les heures et la grant messe et les dymanches... le matin luy a veu dire et faire dire la messe des pasteurs en l'église dudit lieu de Dompierre. Et ne sceut jamais que ledict feu Bellet y eust deffailly. Et que depuis le trespas dud. feu Bellet, il a veu aussi chanter lad. messe des pasteurs par messire J. Dorin et autres prebtres fermiers desd. demandeurs. Et a veu depuis led. temps et encores dimanche dernier que lesd. habitans de lad. paroisse estant en lad. église se disoient les v... et autres, que l'on alloit dire la messe des pasteurs et que ledict Dorin la disoit et célébroit, à laquelle et plusisurs foiz... a esté et assisté.

» Et oultre qu'il scet bien que pour et édifier l'église parochialle dud. lieu de Dompierre avecques les chapelles d'icelle, lesd. appelans ont baillé esdictz parochiens une grant partie du logement dud. prieurté qui estoit desmoli et abatu, mais si s'estoit par le vouloir, consentement... des seigneur et dame dud. lieu de Dompierre, rien n'en sauroit depposer.

« Enquis..... dit comme dessus que du dict temps dud. feu Bellet, prieur dud. Dompierre, depuis led. temps de quarante ans, il le luy a tousiours veu dire et chanter lad. messe des pasteurs ès temps de dimanche, et ne la vyt jamais dire par autres prebtres séculiers. Et despuis son décès l'a veu dire la pluspart du temps esd. jours de dymanche par led. Dorin fermier. Et n'a poinct sceu que lad. messe ayt esté laissée ou discontinuée. Touteffois si les dicts appellans peuvent faire dire lad. messe par prebtres séculiers ou que l'un d'iceulx religieux soit tenu en personne de la dire, rien n'en sauroit depposer. Et dit que du vivant dudict feu Bellet et depuis son trespas il a veu dire lad. messe aux pasteurs tant durant que on chantoyt matines en lad. église que durant la grant messe parochialle, mais si c'estoit par le consentement ou contraincte des fabriqueurs et paroissiens, rien n'en sauroit depposer ; pour la consignation de leur queste aussi dit qu'il a tousiours veu despuis led. temps qu'il est demeurant en lad. paroisse, dire, chanter et célébrer en lad. église et par prebtres et chapellains séculiers, vespres tous les dymanches avecques tous autres dyvyns services, comme de messes et matines, et ès festes annuelles a veu comme ledict feu Bellet disoyt et célébroyt ledict dyvyn service et commencoyt lesdictes vespres, et a oy dire ès anciens que de toute ancienneté ledict prieur doyt est tenu de dire esdites festes annuelles ledict divin service.

» Semblablement dit qu'il scet bien et est tout notoire que aud. prieurté de Dompierre y a logis, maison et habitacion très honneste et suffisante pour loger led. prieur, et de son temps jamais n'y veyt cloistres, reffectouer et dortouer ; touteffoiz a oy dire ès anciens qu'il y avoit eu anciennement dortouer au lieu où est de présent la chappelle du cousté de Nostre-Dame construite et édiffiée en lad. église, et que pour icelle ditte chappelle construyre et édiffier lesdicts appellans baillèrent led. lieu esd. fabriqueurs et paroissiens, mais si ce fut par consentement des seigneurs et dame dud. Dompierre rien n'en sauroit depposer. »

(Plusieurs autres témoins, choisis parmi les personnes les plus âgées de la paroisse, firent des déclarations identiques.)

André Prévost, laboureur, âgé de six vingts ans, dit qu'il « a bien veu une petite allée estant encores de présent en la dicte maison dud. prieurté, que l'on appelloit et appelle encores le cloistres. »

Grégoire Guyton, âgé de soixante-quatre ans, affirme qu'il « a veu tenir et expédier par leur séneschal depuis led. temps de quarante ans par dix ou douze foiz la jurisdicion haulte, moyenne et basse en la maison du prieurté, sans ce que en icelle les dicts seigneurs de Dompierre missent aucun trouble ou empeschement. Et a veu que d'icelle jurisdicion estoit seneschal et procureur feu maistre Guillaume Favereau. » Relativement à la construction d'une chapelle, le même témoin « croyt plus que autrement que ce a esté par le vouloir et consentement de la dicte intimée, parce qu'il oy dire ès fabriqueurs qui lors estoient qu'ilz furent devers lad. intimée pour savoir son vouloir et que finallement elle l'avoit consenty et voulu. »

Guillaume Gueschin, âgé de quatre-vingts ans, « dit qu'il a tousiours
» oy dire que lesd. appellans avoyent aud. lieu droit de jurisdicion et
» icelle a veu expédyer par leur séneschal et leurs officiers mesmement
» depuis quarente ans ença par deux foiz et que une desd. foiz il estoit.
» présent fut expédyée en la maison de Estienne Bourreau, ung de leurs
» tenanciers..... Aussi dit que jamais il ne veyt demourer aud. prieurté
» nombre de religieulx dud. lieu de Maillezays, réservé ung frère Hillaire
» Bellet, prieur dud. Dompierre et fermier desd. appellans. Et auparavant
» luy y a veu demeurer ung messire Mathieu de Razelle, prebtre séculier,
» fermier desd. appellans, et du temps dud. de Razelle y demeuroit ung
» religieulx qui n'estoit de l'ordre de Maillezays, mais avoit l'abit blanc,
» lequel religieulx disoit toutes vespres, les vigilles des festes, les sabmediz,
» les festes et dymanches, et tout le divin service ès festes. Et lesd. jours
» des dimanches et festes simples, le curé ou son vicaire disoit matines
» et la grand'messe. Et esd. dimanches durant matines ledict religieulx
» disoit une messe basse que l'on a accoustumé appeler la messe aux
» pasteurs. Et depuis ledict Bellet vint demeurer aud. prieurté, lequel y
» demoura par bien long temps.....

Laurent Salvert, laboureur, âgé de cinquante-quatre ans, « dit que
» puis cinq ou six ans en ça ou environ, les parochiens dud. lieu de
» Dompierre se transportèrent audict lieu de Maillezays par devers lesd.
» demandeurs, desquelx ilz eurent cession et transport d'un masurault
» estant joignant l'église, ouquel deprésent lesd. parochiens ont faict
» constituer et bastir plusieurs chappelles en élargissant leur église. »

« Henerable et discrète personne messire Bertrand Dutel, prebtre, demourant à Dompierre, aagé de XLV ans..., dit et deppose par son serment », qu'il a toujours vu que le service divin avait été fait et qu'il aurait parfois remplacé Bellet, malade ou empêché, se disant obligé de dire la messe; mais ne sauroit dire si c'était celle appelée la messe aux pasteurs... Il dépose comme messire Mathieu Bonnault, fermier dud. prieurté, donna charge aud. messire Jehan Dorin de dire lad. messe et comme ils convenancèrent ensemble à deux escuz d'or que devoit avoir led. Dorin avecques les offrandes tant en argent que chandelles qui ce font en ladicte église ès jours de dimanches et austres festes..., toutes lesquelles choses peult bien valloir six livres aud. Dorin. »

Honorable et discrète personne messire Micheau Haymond, prêtre,

demeurant à Dompierre, âgé de quarante ans, « dit aussi qu'il a veu
abattre par les parochiens dud. lieu la muraille et appentiz estant en ung
masurault joignant lad. église, ouquel lieu y a de present des chapelles
construictes et bastyes... Et a oy dire au vicaire dud. lieu, nommé messire Bertrand Duret, qu'il devoit avoir, pour dire lesd. vespres et matines,
du fermier qui de present est dud. prieuré la somme de deux escuz d'or. »

Colas Boraud, laboureur, âgé de soixante-quinze ans, demeurant de
present à Saint-Xandre, mais ayant habité Dompierre pendant quarante
ans, et ayant même été « fabriqueur » pendant six ans par deux fois,
vint aussi témoigner.

IV

Généalogie des Geoffroy, seigneurs de Dompierre
(1489-16..) (1)

Généalogie et extraction de Charles Geoffroy, escuyer, sieur de la
chastelanie, terre et seigneurye de Dompierre en Aulnis, pour faire coug-
noistre qu'il est issu de toutte antienneté de noble lignée vivant
noblemant sans avoir luy ne ses haulteurs fait acte dérogeant à noblesse.

Et premièrement

Charles Geoffroy, escuyer, sieur de la chastelanie, terre et seigneurie
de Dompierre en Aulnis, est issu et filz

De Charles Geoffroy aussy escuyer, sieur de laditte chastelanie, terre et
seigneurie de Dompierre, et de dam^{elle} Marye Gourdeau, de la maison de
Bonnefons en Bas-Poitou ; le dict Charles Geoffroy est issu et filz

De Claude Geoffroy, aussy escuyer, sieur du dict lieu de Dompierre, et
de P^{éré}, et de D^{lle} Madelaine Viguer de la maison de Feusse en Xainc-
tonge (2) ; le dict Claude Geoffroy issu et filz

De Georges Geoffroy, aussi escuyer, sieur aussi de la dicte seigneurye
de Dompierre et plusieurs autres lieux, et de D^{lle} Marye de Furgon (3), le
dict Georges issu et filz

D'Anthoyne Geoffroy, aussi escuyer sieur de Gisors, Vésus (?) (ou
Vesnes), l'isle Vernac, Fresle et Caux.

Aparoist que ledict Anthoine estoit noble issu de noble lignée et prenoit
quallitté de noble par certain testament en latin faict en l'an mil quatre
centz quatre vingts quatre par lequel encores apparoist que ledit Georges
estoit son filz et luy a faict certain donc et légat.

Apert aussy que le dict Georges Geoffroy a pris qualité de noble et

---

(1) Extrait des papiers de M. de Saint-Marsault. Copie communiquée
par M. Musset.

(2) Il faut lire *Madelaine Vigier*. Les Vigier furent seigneurs de
Feusses en l'île de Nieulle, paroisse de Saint-Sornin-de-Marennes, du
xive au xvie siècle. (Voir *Saint-Sornin, Nieulle, Broue et les isles de
Marennes*, par C. Gelézeau et E. Tauzin. La Rochelle, imp. Noël Texier,
1896.) Claude Geoffroy se maria en secondes noces avec Marie Ragot,
dont il eut deux enfants, Georges et Françoise. Par testament du 1er juin
1546, il attribua la terre de Dompierre à Charles, son fils aîné. (Biblioth.
de La Rochelle, Mss. 300, f° 116.)

(3) Marie Furgon possédait noblement des marais salants dans la
paroisse de Saint-Sornin-de-Marennes.

escuyer tant par certain accord faict entre icelluy Georges Geoffroy et la vesve de Gallias Geoffroy son frère aisné, en datte ledict accord du mois de j üing mil quatre centz quatre vingts et sept.

Et oultre par les hommages qu'il a rendu au roy de la ditte seigneurie de Dompierre, laquelle le dict Georges Geoffroy achapta et en fut le premier seigneur du nom de Geoffroy.

Quant au dict Claude, filz dudict Georges, il appert aussy qu'il estoit noble, vivant noblemant, et prenant quallité de noble tant par son contract de mariage, passé par Hémond, notaire royal, le penultyeme jour d'aoust mil cinq cents vingt six comme par plusieurs actes et contracts qu'il a faictz et entre aultres par les adveuz et denombremans rendu au roy, de la ditte chastelanie de Dompierre.

Charles Geoffroy, filz du dict Claude aussy tousjour vescut noblemant et pris quallité de noble mesmemant par son contract de mariage en datte du septiesme jour de septembre mil cinq cents cinquante et quatre, et par leurs adveuz et denombremant par luy renduz de la ditte chastelanie de Dompierre.

Le dict Charles Geoffroy, dernier filz du dict Charles premier, a tousjours vescu aussy noblemant, pris quallité de noble et escuyer tant par son contract de mariage que par les adveuz et denombremant qu'il a renduz au roy de la ditte chastelanie de Dompierre et plusieurs aultres actes comme il est notoire de tous.

Vu les lettres cy-dessus justifficatifs de la noblesse du dict Geoffroy, nous l'avons renvoyé de l'assignation à luy donnée à la requeste du substitut du procureur general du roy pour la présentation et justiffication de sa noblesse. Faict à La Rochelle, ce VIe may mil cinq cents quatre vingts dix neuf. Ainsy signé : Huault de Montmaigny, et plus bas : par ordonnance de nos dictz sieurs : H. Alligre.

La genealogie et renvoy d'assignation cy-dessus transcript, a par nous notaire, tabellions royaux et garde nottes hereditaires en la ville et gouvernemant de La Rochelle, soubz signés, esté vidimée et deuhemant collationnée à son original estant en pappier, instant et requerant le dict Charles Geoffroy y nommé personnellemant qui, à ceste fin, nous auroict remict et exibé le dict original et après retyré à luy avec ces presentes. Faict à La Rochelle ce quatriesme jour d'avril mil six centz sept.

Péronneau, notaire royal.   Savarit, notaire royal.

V

Description des seigneuries en Dompierre (XVIIIe siècle)

Etat général des droits et domaines qui ont appartenu ou qui appartiennent au roi dans la province d'Aunis, 1719. Copie de 1742. (Bibliothèque de La Rochelle, Mss. no 116.)

Domaines engagés dépendant du château de La Rochelle

« La terre et seigneurie de Dompierre près La Rochelle, engagée à Monsieur Pérou de Belisle, brigadier des armées du roy, par contract du 23 aoust 1718, pour deux mille six cent cinquante livres, au capital de cinquante huit mil livres, doit de cens au domaine de Sa Majesté quatre livres onze sols six deniers à chaque feste de Noël, qui se payent ès mains des souffermiers du domaine, consistant en le château, preclôture, droits de cens, rentes, lots (lods) et ventes et honorifiques sur la ditte paroisse de Dompierre, et en plusieurs autres natures de redevances en bleds et en argent deubs au dit chateau, qui font l'objet de la ferme.

» Le petit fief de Chagnollet près La Rochelle, engagé au sieur Adrien Bouchet par contract du 18 juillet 1691 pour soixante quinze livres de rente au capital de quinze cents livres; doit de cens au domaine cinquante sols à chaque feste de Noël qui se payent ès mains des souffermiers du domaine; consistant en plusieurs droits de cens et rentes qui se payent par plusieurs tenanciers dudit village de Chagnollet. »

Domaines non engagés relevant du château de La Rochelle

« La terre et seigneurie du petit bailliage de Chagnollet à demy lieue de La Rochelle, pocédée à present par les herittiers de M⁰ André Gressau, vault de revenu deux cent livres. On assure que c'est un domaine engagé du roy, mais on n'en a pu faire représenter les contracts d'engagement. Relève du roy à cause de son chateau de La Rochelle et doit à Sa Majesté les foy et hommage et les droits de lots et ventes aux mutations. Consiste seullement en modiques droits de lots et ventes sur quelques domaines sittués au village de Chagnollet et aux drois de lots et ventes aux mutations des dits domaines, aucunes autres apartenances ny dépendances. »

Domaines non engagés relevant du château de Rochefort

« La terre et seigneurie de Maubecq à une lieux de La Rochelle appartient à Monsieur Charles de Fleury, écuyer, seigneur de Maubecq, capitaine général garde coste de Marans. demeurant à La Rochelle, relève du roy à cause de son château de Rochefort, vaut de revenu cinq cent vingt cinq livres et doit à Sa Majesté les foy et hommage et les droits de lots et ventes aux mutations, lige au devoir de trois écus un tiers évaluée dix livres à muance de vassal. Consiste la ditte terre en une très belle maison, grand jardin et cour dans laquelle il y a de très belle terrasses, bois de haulte futays, avec tous droits de cens et rentes et complans au huitain et dixain des fruis et de tous autres droits, proffits et émoluments sur tous les domaines et terres quy sont sittuées en la mouvance de la ditte seigneurie qui est dans un très bon air fort bocageux et de belles eaux vives, où le plus souvant les maréchaux de France de La Rochelle y vont faire leur lieu de plaisance et y passer les trois quarts de l'année (1). »

Domaines et terres quy relèvent du chasteau de Dompierre

« La terre et seigneurie de Grolleau à une lieux de La Rochelle appartient à Monsieur Tortue Bonneau. Relève du roy à cause de son chateau

(1) Cette belle résidence a été ruinée pendant la Révolution.

de Dompierre. Vault de revenu deux mil cinq cent livres et doit à Sa Majesté les foy et hommage et les droits de lots et ventes aux mutations. Conciste en le chateau du dit lieu avec son parc d'une grande étendue, avec les avenus d'hormes, bois futays et taillis, et nappes d'eaux vives qui sont dans cette terre, une des plus agréables de toute la province d'Aunis (1), avec plusieurs corps de bastiment pour les collons, fermiers et bordiers, et en une grosse métairie et plusieurs drois de cens et rentes, terrage et complant, avec haute, moyenne et basse justice sur plusieurs terres et domaines desquelles il est dû à la ditte terre et seigneurie les droits de lots et ventes aux mutations.

» Le fief de Candé à une lieux de La Rochelle appartient à Madame la veuve Dubreuil. Relève du roy à cause de son château de Dompierre et doit à Sa Majesté les foy et hommage et les droits de lots et ventes aux mutations ; conciste en la maison de Candé (2) entourée d'eau et bois, et en plusieurs etendüe de bois, marais et jardins, et en les drois de moyenne et basse justice sur plusieurs terres et vignes ès environs du dit fief, avecq une métairie affermée ordinairement trois cents livres. Vaut le dit fief Candé de revenu mil livres.

» La terre et seigneurie de la Motte et la Bugaudière a demy lieue de La Rochelle apartienent aux hérittiers de Monsieur Richard Massiot. Vaut de revenu cinq mille livres. Relevé du roy à cause de son château de Dompierre et doit à Sa Majesté les foy et hommage et les droits de lots et ventes aux mutations. Conciste en le château de la Motte avecq ses appartenances de jardins, prairies, bois futays et taillis, avenus et dépendances de vignes, terres labourables et non labourables, moyenne et basse justice, et tous autres droits de cens, rentes, lots et ventes sur plusieurs terres et domaines ès environ de ladite terre, avec plusieurs autres domaines et bordries quy sont affermées séparément.

» Le fief Macquin à demy lieue de La Rochelle appartient aux hérittiers de feu le sieur Richard Massiot. Vault de revenu sept cent livres, relevant du roy à cause de son château de Dompierre. Doit à Sa Majesté les foy et hommage et les droits de lots et ventes aux mutations. Conciste en les droits seigneuriaux et féodaux sur plusieurs terres et domaines ès environs de La Rochelle et de la terre de la Motte, qui doivent au dit fief les droits de terrages, huitain et complant et les lots et ventes aux mutations, y

(1) Que les temps sont changés ! la dernière tourelle du château est tombée en ruines, le bois a été coupé, le canal a desséché les anciennes nappes d'eau et la rivière de Vaux. Claude Masse (*Mémoire géographique*) rapporte que le château de Groleau avait l'apparence d'une résidence de grand seigneur, avec ses grosses tours.
(2) La maison de Candé avait, avant la Révolution, une chapelle qui devait 10 livres de rente annuelle à la Fabrique de Dompierre. Le château de la Tourtilière fut construit sur le même plan que la maison de Candé, aujourd'hui détruite. Une partie de la maison et du fief de Candé relevait du château de la Sausaye, paroisse de Saint-Xandre. Ce domaine appartenait au sieur de Corlieu en 1712. (Voir pour plus de détails la *Monographie de Saint-Xandre*.) — Le fief voisin de Margorie, appartenant en 1715 à Jacques Le Mastin, chevalier, passa plus tard aux mains des Carré de Candé. Un membre de cette famille était connu au commencement du siècle actuel sous le nom de M. de Margorie. (Voir de la Morincrie.)

ayant même quelqu'une des dittes terres qui doivent des rentes et gros au dit fief quy n'a en son étendue aucuns bastiments que quelques celliers pour serrer les vins et les foins. Le dit fief n'ayant aucunes autres appartenance et dépendances.

» L'abbaye royalle de Saint Léonard des Chaumes (1) à une lieue de La Rochelle, est à la nomination du roy et relève de Sa Majesté à cause de son château de Dompierre. Vault de revenu, y compris la portion de l'abbé, quatre mil livres. Conciste en l'hôtel, préclauture et appartenances de la ditte abbaye avec les droits de fief et juridiction, rentes, autres natures de redevances y attachées, comme cens, rentes, terrages, lots et ventes, et plusieurs droits de complant et huitain sur plusieurs fiefs, terres labourables et vignes y ayant en ladite abbaye et pour la dezerte d'icelle trois religieux Bernardins non réformés de l'ordre de Clervaux et qui payent annuellement à l'abbé titulaire d'icelle la somme de deux mil livres par convention passée avecq luy, ladite somme quitte de tous droits de décimes. Et outre étant tenus généralement les dits religieux au moyen du dit acord à touttes les charges auxquelles ledit abbé seroit luy même tenu s'il recevoit par luy même les portions et droits qui lui sont attribués en le revenu d'icelle abbaye royalle.

» La terre et seigneurie de la Pinaudière à demy lieue de La Rochelle appartient à Monsieur Lemoyne, conseiller secrétaire du roi, maison couronne de France et de ses finances, demeurant en la ville de La Rochelle. Vault de revenu huit cents livres. Relève du roy à cause de son château de Dompierre. Doit à Sa Majesté les foy et hommage et les droits des lods et ventes aux mutations. Consiste en la maison et préclôture de bois futaies et taillis, jardin, et les droits de moyenne et basse justice, cens, rentes, terrages et complants sur plus de quatre vingts quartiers de terres et vignes, et en plusieurs petites rentes dues à la dite seigneurie montant en total à deux cents livres. »

(1) Nous avons ci-devant (Document I) le dénombrement des biens de l'abbaye en 1489. Ces biens furent considérablement réduits pendant le XVIe siècle. Les *Archives historiques de la Saintonge et de l'Aunis*, t. XXIII (1894), ont publié plusieurs documents très intéressants sur l'abbaye Saint-Léonard. Parmi ceux-ci, on trouve la déclaration faite par le prieur F.-J. Perrault, le 29 novembre 1723, à l'intendant de La Rochelle. Mais les plus importants sont ceux qui se rapportent à saint Vincent de Paul, abbé de Saint-Léonard (17 mai 1610).

NOTES SUPPLÉMENTAIRES

Seigneurie de Dompierre. — Estimée 3.034 livres de revenu en 1661 (partage de Polignac), engagée une première fois en 1718 pour 2.900 livres de rente et 58.000 livres en numéraire, cette terre, que la marquise de Castries avait acquise moyennant 120.000 livres, par un second engagement de 1740, était affermée par elle au prix annuel de 3.600 livres. Haut et puissant seigneur Charles-Hugues Gabriel de la Croix de Castries, marquis de Castries et de Ferry, comte de Charlus, gouverneur de la ville et citadelle de Montpellier, de la ville et port de Cette et forts en dépendant, baron des Etats de Languedoc, lieutenant de roi de la même province, et haute et puissante dame Magdelaine Isabeau Thérèse de Rosset de Fleury, son épouse, durent faire commandement par huissier au sieur Dubreuil, leur fermier, pour obtenir paiement de quatre années de cette ferme.

Seigneurie de Bazoges. — Près de Maubec se trouvait le fief de Bazoges dépendant de Charmeneuil, arrière-fief de Rochefort. Hugo Lunellus était seigneur de Bazoges en 1221. — Une donation fut faite au prieur de Bazoges et au couvent de Maillezais par Hugues Larchevêque de Parthenay, en 1253. — Plus tard, on trouve comme seigneur de Bazoges Jehan Girard, maire de La Rochelle de 1375, 1379, 1384, 1394. Il était sénéchal de Châtelaillon pour le seigneur de Parthenay en 1383. Les Girard de Bazoges possédèrent ce fief jusqu'au xvie siècle. Il passa ensuite par alliance dans la famille des Poussard, seigneurs de Fors en Poitou. L'hôtel de Bazoges, à La Rochelle, était situé dans la rue qui conserve encore ce nom. (Voir Jourdan, *Notes biographiques*, Mss. de la Bibliothèque de La Rochelle.)

Un acte de 1569 fait mention de la seigneurie de « Maubec dit Bazaulges ». La terre de Maubec dont on trouve trace dès 1364 était-elle alors réunie à celle de Bazoges? Mais au xviie siècle nous relevons encore le nom de de Pont, « seigneur de Basauge », tandis que la terre de Maubec avait ses seigneurs particuliers (page 133).

Seigneuries de Chagnolet. — Jehan Girard de Bazoges fit hommage à Olivier de Coëtivy, seigneur de Rochefort, pour son fief de Chagnolet. Ce fief était évidemment autre que le petit fief et le bailliage du même nom qui relevaient du château de La Rochelle. D'ailleurs près de Chagnolet se trouvait la terre de Guiran qui fut aux Girard de Bazoges (1449) et plus tard aux Guiton.

La chapelle de Chagnolet est citée en 1424. Il est fait mention de la grande et de la petite chapelle de Chagnolet en 1556. C'était, en effet, après la fondation de la chapelle de Notre-Dame-de-Nazareth par Mathurin Barbot (avant 1541). A la mort du fondateur, Jeanne Brugier, sa veuve, Mathieu Bois, Christophle Mazereau et Pierre Couldrot furent collateurs de cette chapellenie. (Bibliothèque de La Rochelle, Mss. 123, fo 134.) René Johanneaux était seigneur de Chagnolet en 1561 (Jourdan).

Notaires à Dompierre. — Guillaume Michot, 1427.

TABLE DES MATIÈRES

Documents

Notes supplémentaires

www.ingramcontent.com/pod-product-compliance
Lightning Source LLC
Chambersburg PA
CBHW060431090426

42733CB00011B/2230